全民阅读
阶梯文库

总主编 顾之川

阶梯阅读 **10**岁

会唱歌的小雨点

本册编者 吴庆芳 易灿华

领读者 聂震宁 高洪波 金波

扫一扫，尽享本书
配套音频，感受听书乐趣！

上海交通大学出版社
SHANGHAI JIAO TONG UNIVERSITY PRESS

内容提要

"全民阅读·阶梯文库"丛书借鉴国外分级阅读理念，根据0～18岁不同年龄段读者的心智特点与认知水平编写，标识明确的年龄段，由易到难，循序渐进。按照体裁或内容划分单元，涵盖诗词曲赋、文史哲经、科普科幻等方向。

本书主要包括六个部分，分别是寓言童话、现代美文、经典名著、科普科幻、古诗词、文言文，选文题材广泛，语言流畅优美，兼具知识性和趣味性。每篇文章设有"阅读点拨"，每个单元后附有"我思我行"，有利于读者加深对文章的理解，拓展实践能力，提升阅读水平。

图书在版编目(CIP)数据

阶梯阅读.10岁：会唱歌的小雨点/吴庆芳，易灿华编.—上海：
上海交通大学出版社，2018
ISBN 978-7-313-18679-9

Ⅰ.①阶…　Ⅱ.①吴…②易…　Ⅲ.①阅读课—小学—教学参考资料　Ⅳ.①G624.233

中国版本图书馆 CIP 数据核字(2017)第 329376 号

阶梯阅读 10 岁·会唱歌的小雨点

编　　者：	吴庆芳　易灿华		
出版发行：	上海交通大学出版社	地　　址：	上海市番禺路 951 号
邮政编码：	200030	电　　话：	021 - 64071208
出 版 人：	谈　毅		
印　　制：	常熟市文化印刷有限公司	经　　销：	全国新华书店
开　　本：	880mm×1230mm　1/32	印　　张：	4
字　　数：	96 千字		
版　　次：	2018 年 1 月第 1 版	印　　次：	2018 年 1 月第 1 次印刷
书　　号：	ISBN 978 - 7 - 313 - 18679 - 9/G		
定　　价：	25.00 元		

分册编者

马歆乐	陈敏倩	刘素芳	王 芳
袁 惠	张小娟	喻祖亮	沈 俊
张红梅	雷光梅	易灿华	丁连忠
孙文莲	李传方	孟 娜	郑祚军
阎义长	李 铭	苑子轩	盛 宏
祝世峰	朱俊峰	杜德林	宋亚科
杨 韧	张 锐	程玉玲	盛江伟
田丽维	李占良	尹 琦	何 萍
姜 丹	杨晓霞	许红兵	季龙刚
刘英传	高 虹	杨晓明	张宏强
范文涛	苗 锋	信旭东	孙 玉
宋 宇	刘卫民	杨 琼	

（以上排名不分先后）

目 录

第一单元 沉醉寓言童话 / 001

驴子与青蛙 [古希腊]伊索 / 002

会唱歌的小雨点 金旸 / 003

珍珠雨 吴然 / 004

狐狸和猫 [德]格林兄弟 / 006

谁住在皮球里? [塞尔维亚]鲁凯奇

/ 008

尾巴它有一只猫 卢颖 / 011

嘟嘟熊的阳光 冰波 / 013

我思我行 / 017

第二单元 品味现代美文 / 019

闯雨 黄桂芳 / 020

外婆,你好吗? 梅子涵 / 022

肥皂泡 冰心 / 025

脚印和大海　张秋生　　　　　　　　　　　　/ 027

秃的梧桐　苏雪林　　　　　　　　　　　　　/ 028

同情　[印度]泰戈尔　　　　　　　　　　　　/ 031

大自然与人类的心灵　[美]爱默生　　　　　　/ 033

我思我行　　　　　　　　　　　　　　　　　/ 036

第三单元 🦖 拜读经典名著　　　　　　　　　/ 037

单刀赴会（节选）　[元末明初]罗贯中　　　　　/ 038

孙悟空三打白骨精（节选）　[明]吴承恩　　　　/ 040

真假李逵（节选）　[元末明初]施耐庵　　　　　/ 044

灾难　[意大利]亚米契斯　　　　　　　　　　/ 047

鲁滨孙漂流记（节选）　[英]笛福　　　　　　　/ 049

顽皮的孩子　[丹麦]安徒生　　　　　　　　　/ 054

野洛和农夫（节选）　[美]迈·狄扬　　　　　　/ 058

我思我行　　　　　　　　　　　　　　　　　/ 063

第四单元 🗼 探秘神奇的科技　　　　　　　　/ 065

令人惊叹的生命　梅承鼎　　　　　　　　　　/ 066

沙漠里的"鬼哭"声　许浒渓　　　　　　　　　　/ 068

"植物报时钟"的奥秘　刘宜学　　　　　　　　　/ 070

克隆地球　方舟　　　　　　　　　　　　　　　/ 073

未来我们住在哪儿?　郑宇　　　　　　　　　　/ 076

远古来的客人(节选)　肖越　　　　　　　　　/ 079

天外来信(节选)　[美]杰里·利嫩杰尔　　　　/ 084

我思我行　　　　　　　　　　　　　　　　　/ 088

第五单元　　情系古诗词　　　　　　　　　　　/ 091

相送　[南朝梁]何逊　　　　　　　　　　　　/ 092

山中问答　[唐]李白　　　　　　　　　　　　/ 093

绝句　[唐]杜甫　　　　　　　　　　　　　　/ 094

衢州江上别李秀才　[唐]韦庄　　　　　　　　/ 096

相思　[宋]李觏　　　　　　　　　　　　　　/ 097

秋晚　[宋]邢居实　　　　　　　　　　　　　/ 098

春寒　[宋]陈与义　　　　　　　　　　　　　/ 099

山中雪后　[清]郑燮　　　　　　　　　　　　/ 101

我思我行　　　　　　　　　　　　　　　　　/ 103

第六单元　感受古文之美　　　　　　　　　　　　／ 105

乡人皆好之　［春秋］孔子　　　　　　　　　　　／ 106

不贪为宝　　　　　　　　　　　　　　　　　　　／ 107

上兵伐谋　［春秋］孙子　　　　　　　　　　　　／ 108

师旷劝学　［西汉］刘向　　　　　　　　　　　　／ 110

截竿入城　［魏］邯郸淳　　　　　　　　　　　　／ 111

管宁割席　［南朝宋］刘义庆　　　　　　　　　　／ 113

画龙点睛　［唐］张彦远　　　　　　　　　　　　／ 114

推敲　［唐］韦绚　　　　　　　　　　　　　　　／ 115

我思我行　　　　　　　　　　　　　　　　　　　／ 117

出版说明　　　　　　　　　　　　　　　　　　　／ 119

第一单元

沉醉寓言童话

　　高尔基曾说："寓言和童话的幻想打开了通向另一种生活的窗子，在那里，有一种自由无畏的力量存在着和行动着，幻想着更美好的生活。"在寓言和童话里，我们可以与小刺猬对话，可以与小熊一起玩耍，还能够从石头的身上获得人生的启迪……让我们用寓言、童话的方式来观察世界、了解世界、接受世界吧！

　　阅读本单元的寓言与童话，充分发挥联想与想象，仔细体会文中的每个角色，进而理解文章所要表达的思想感情。

驴子与青蛙

[古希腊] 伊　索

　　驴子驮着木料走过池塘，脚滑了一下，掉到水里，便失声痛哭。池塘里的青蛙听见他的哭声，说道："喂，朋友，你摔倒一下就这么悲伤；如果像我们这样长久在这里生活又该怎么办呢？"

　　这个故事是说，有些人没有受过较大的困苦，一点小小的挫折都难以忍受。

（选自《伊索寓言》，商务印书馆 2012 年 7 月版）

阅读点拨

　　寓言是用比喻性的故事来寄托意味深长的道理，给人以启示的文学体裁，字数不多，但言简意赅。这篇寓言采用寓理于事的写法，通过写驴子掉到水里而青蛙对驴子劝解的事例，告诉我们要能经受挫折与磨难。

会唱歌的小雨点

金　旸（yáng）

有一只快乐的小鸟，它住在很高很高的山上。

小鸟最喜欢唱歌了，小鸟在家门口唱，小鸟在树梢上唱，小鸟在山顶上唱。可是，山太高太高了，住在山下的小动物们听不到小鸟的歌声。

白白的云朵轻轻地飘来飘去，小鸟放开嗓子，对着白云唱起了歌。渐渐地，来听小鸟唱歌的白云越来越多，越来越多。

一天，听了好多好多小鸟歌声的白云们，就成了会唱歌的小雨点，"叽叽喳，叽叽喳"地往下落。会唱歌的小雨点落到草地上，小兔们听到了，高兴地跳起了舞。"叽叽喳，叽叽喳"，会唱歌的小雨点落到了树林里，正在吵架的两只小松鼠听到了，互相拥抱，成了好朋友。"叽叽喳，叽叽喳"，会唱歌的小雨点落进了小溪里，小鱼们听到了，吐出了彩色的泡泡……

会唱歌的小雨点"叽叽喳，叽叽喳"地下着，山下到处是小鸟的歌声和小动物们的笑声。

阅读点拨

　　作者的想象是多么丰富！白云来听小鸟唱歌，将快乐变成雨滴传给万物，让他们能够"高兴地跳起了舞""互相拥抱""吐出了彩色的泡泡"……本文给我们展现了一个童话般美好的世界，同时也表达了作者的美好愿望：希望快乐能够得到更广泛的传递。

珍 珠 雨

吴 然

"下雨了！下雨了！"

小鸟扇着潮湿的风，飞过河岸和水塘，飞过绿色的稻田，飞过草滩，飞到村后的树林里去了。它向朋友们报告下雨的喜悦，报告一个快乐的节日。

淡蓝色的温暖的夏雨呵，紧跟着小鸟的飞翔幕布一样，笼罩了河面和水塘，笼罩了田野，笼罩了我们的山村和村后的树林。一片雨的歌唱，万物都在倾听……

"雨停了！雨停了！"

小鸟扇着雨后的阳光，从一道彩虹里飞出来。

天多明净。遍地阳光，珍珠般，一颗一颗，挂在草叶上，挂在花瓣上，挂在柳条上，挂在一匹刚从雨里撒欢回来的小红马身上，挂在房檐口上……哦，下了一场太阳雨，下了一场珍珠雨呵！

蜜蜂说："金盏花、牛眼菊、山玉兰更香了。"

小马驹、小牛犊和小山羊说："奶浆草、狗尾巴草、三叶草更嫩了。"

草莓说："还有我，更甜了！"

（选自《小学生必读名家——和花朵说悄悄话》，北方妇女儿童出版社2012年12月版）

阅读点拨

　　作者描写的雨多么神奇！它是"淡蓝色的""温暖的"……它滋润了自然万物，使万物更香了、更甜了……作者用活泼欢快的语言，按照雨前、雨中、雨后的顺序，生动地展现了一幅幅美丽的自然图景，从字里行间我们感受到了作者对夏雨、对大自然的喜爱之情。

狐 狸 和 猫

[德]格林兄弟

　　一只猫在森林里遇到一只狐狸，心想："他又聪明，经验又丰富，挺受人尊重的。"于是它很友好地和狐狸打招呼："日安，尊敬的狐狸先生，您好吗？这些日子挺艰难的，您过得怎么样？"狐狸傲慢地将猫从头到脚打量了一番，半天拿不定主意是不是该和它说话。最后狐狸说："哦，你这个倒霉的长着胡子、满身花纹的傻瓜,饥肠辘(lù)辘地追赶老鼠的家伙,你会啥?有什么资格问我过得怎么样?你都学了点什么本事?"

"我只有一种本领。"猫谦虚地说。"什么本领?"狐狸问。"有人追我的时候,我会爬到树上去藏起来保护自己。""就这本事?"狐狸不屑地说,"我掌握了上百种本领,而且还有满口袋计谋。我真觉得你可怜,跟着我吧,我教你怎么从追捕中逃生。"

就在这时,猎人带着四条狗走近了。猫敏捷地蹿到一棵树上,在树顶上蹲伏下来,茂密的树叶把它遮挡得严严实实。"快打开你的计谋口袋,狐狸先生,快打开呀!"猫冲着狐狸喊道。可是猎狗已经将狐狸扑倒咬住了。"哎呀,狐狸先生,"猫喊道,"你的千百种本领就这么给扔掉了!假如你能像我一样爬树就不至于丢了性命了!"

(选自《格林童话故事全集(美绘版)(中册)》,中国少年儿童出版社2007年6月版)

阅读点拨

　　狐狸向猫吹嘘自己有很多的本领和计谋,认为猫只有爬树的本领,非常瞧不起猫。可是,当猎人带着猎犬走来时,猫迅速地爬上树,逃过一劫,而狐狸却被猎犬抓住咬死了。

　　这篇寓言告诉我们做人要谦虚,不能高傲,要多学多问,知道自己的长处与不足。

谁住在皮球里?

[塞尔维亚]鲁凯奇

　　是啊,谁住在皮球里呢? 谁住在这圆不溜秋的快乐的屋子里呢? 可能是仙女? 太可能了。可是细一想,仙女应该生活在森林里呀,怎么会住在圆球里呢? 那么,可能是地下精灵吧? 这倒是很可信的。因为地下精灵形体小,圆球能容下他的身体。可他为什么要住进皮球里去呢? 哎,也许是魔术师吧? 他完全可能缩进一个球体里去。为了让观众喝彩,他会那么做的。

然而,皮球里住着的既不是仙女,也不是地下精灵,更不是魔术师。那里头住的……

第一,是兔子。因此,球会跳跃。

第二,是轮子。因此,球会滚动。

第三,是鸟。好像是一只喜鹊。因此,球会飞。

兔子、轮子和喜鹊都睡着的时候,圆球一动也不动,像是里头什么也没有。不过,要是来那么一脚……这就得从头说起了。

兔子睡了,轮子睡了,喜鹊把头藏在翅膀底下也睡了,于是皮球安安静静地躺在草地上。可这时,两只脚向它走来了,一只左脚,一只右脚。左脚飞起一下,把球踢了一下。轮子醒了,滚了几下,嘟嘟哝哝地埋怨道:

"喂,兔子,你干嘛踢我一脚? 我要睡,不想滚!"

这时,右脚又把球踢了一下,这下踢得更有力。于是兔子醒了,在球里蹦了几下:

"哎,哎,喜鹊,你别闹呀!"兔子大声叫道,"我想睡觉,不想跳!"

这时,左脚又猛劲地把球踢了一下!喜鹊醒了,它伸展翅膀,球飞了起来,高高地,直向天空飞去。

"哼!"喜鹊扇动着双翅,"轮子,想不到你这么爱闹!你要滚,就自个滚去得了,干嘛把我闹醒?"

兔子生喜鹊的气,喜鹊生轮子的气,轮子生兔子的气。它们吵得不可开交,这时的球呢,又跳、又滚、又飞。

人们都说,皮球里的兔子、喜鹊和轮子相互一争吵,有趣的游戏就开始了。于是,球就像鸟儿那么飞,像轮子那么滚,像兔子那么跳。要让它停住呀,不用想!

(选自《中外童话鉴赏辞典(下)》,韦苇译,上海辞书出版社 2006 年 7 月版)

阅读点拨

皮球里不但住着兔子,还住着轮子和喜鹊。它们原本生活在一起很愉快、很和睦。可是一只左脚和一只右脚打破了原有的宁静,使得兔子生喜鹊的气,喜鹊生轮子的气,轮子生兔子的气,它们吵得不可开交,于是皮球永远也停不下来,这多么有趣啊!作者用儿童的眼光来看待皮球的运动,充分展现了儿童天真的天性。

尾巴它有一只猫

卢　颖(yǐng)

有一条尾巴,它很自豪。

"因为,"它说,"我拥有一只猫。"

拥有一只猫,这只尾巴真的不得了。值得骄傲,值得骄傲,完全值得骄傲。

可是,一条尾巴,它怎么能有一只猫?

难道,它把猫养在家里,或者把它关在笼子里,或者……反正让人想不到。

"哼,用得着关吗?"这条尾巴轻蔑(miè)地说,"我把我的猫看得牢牢的,它从来不能离开我一分一秒。我从出生开始,就拥有这只猫,无论它想吃想玩还是想睡觉,它都听我的话,跟在我身边,真是乖得不得了。"

那么,一条尾巴拥有的猫,肯定不是真的猫。

因为,尾巴很小,它的猫应该特别特别小。会不会,干脆就是一只跳蚤?

尾巴听了,哈哈大笑:"跳蚤就是跳蚤,猫就是猫。难道我连这个也不知道?"

"请你听好,"尾巴说,"我这只猫,乖得不得了,我天天骑着它满地跑。别的猫都是有尾巴,可我这条尾巴呀,就是有一只猫。"

"哈哈哈哈,"尾巴上的跳蚤听见它的话,哈哈大笑,"尾巴呀,你就是太骄傲,我是一只小小的跳蚤,可是我可以自由跳,你有一只猫,哈哈,如果你有一只猫,那你为什么还不得不跟着它跑? 实话告诉大家吧,做一条尾巴就是一条尾巴,自豪也就自豪吧,可骗人总归不大好。是猫有你这条尾巴,不是你这条尾巴有一只猫。"

尾巴听见跳蚤的话,它很害羞,躲起来了。对吗?

当然没有,绝对没有。

尾巴就是坚持自己的观点:"我就是有一只猫。我跟着它跑是因为我愿意。你看小孩子,他做爸爸妈妈的小尾巴,跟着跑,可是,难道只是爸爸妈妈有一个小孩子,不是小孩子也有爸爸妈妈吗? 猫可以有一条尾巴,为什么尾巴就不能有一只猫?"

尾巴的话被另一条尾巴听见了,另一条尾巴是狗的尾巴,它很高兴。

它说:"哎呀,原来我有一只狗啊,真好!"

狗生气了吗?没有,因为它也听见了猫尾巴的话,它跟在主人的身后,它正在高兴地想:"对啊,原来我有一个人,多妙!"

(选自《"精文美图"童话故事集:尾巴它有一只猫》,甘肃少年儿童出版社 2009 年 5 月版)

阅读点拨

作者用活泼的语言、奇特的想象,从儿童的思维角度进行观察和思考,得出了"尾巴它有一只猫"这样一个奇妙、有趣的结论。

嘟嘟熊的阳光

冰 波

嘟嘟熊的屋子就在一棵大树的树洞里。树洞很大,除了门以外,在树干上还有一个窗子。整个屋子里,嘟嘟熊最喜欢的就是那个窗子。

白天,他可以趴在窗台上往外看。晚上,他还可以从窗子看到星星和月亮。那都不算什么,最妙的是早上,当太阳升起来的时候,总会有一束阳光刚好照到嘟嘟熊的脸上,这时候,他就知道该起床了。

从窗子里照进来的阳光和外面的阳光就是不一样,嘟嘟熊常说:"这是我自己的阳光。"

是啊,因为这是嘟嘟熊自己家里的阳光。

从外面采来的榛子啦、栗子啦,摊在桌子上就能晒干。

坐在桌子旁吃饭,嘟嘟熊总要戴上一副墨镜,想象自己这是在海滩上度假。

整个春天和秋天,家里的阳光就是这样伴着嘟嘟熊度过的。

秋天到了,嘟嘟熊把自己吃得胖胖的,关上门,舒舒服服地躺到床上,他要开始冬眠了。

"呼噜呼噜……"嘟嘟熊很快就睡着了,这一睡着,可要等到明年春天才会醒来了。

嘟嘟熊睡觉之前忘记了一件事——给窗子装上窗帘。早上，阳光像平时一样，又从窗口照进来，照到嘟嘟的脸上。

冬眠的嘟嘟熊当然醒不过来，但是，每天一次被太阳这样照着睡觉，眼睛里亮晃晃的，好不舒服。

天越来越冷了，下起了冬天的第一场大雪。小动物们好开心，他们在外面堆雪人玩。

动物们把这个大雪人堆在了嘟嘟熊的树洞旁边。雪人的脸还朝着嘟嘟熊的窗子，好像在朝里面看。

第二天早上，太阳升起来以后，再也没有照到嘟嘟熊的脸上，原来，雪人把阳光挡住了。这一块被挡住的阳光，本来正好是照到嘟嘟熊的窗子里的，现在，却照到了雪人的后脑勺上了。

雪人天天挡着阳光，它慢慢变小了。到了最后，终于再也挡不住阳光了。

雪人差不多已经化完了。

这一天早上，阳光又照到了嘟嘟熊的脸上，他醒来了。

"啊！我自己的阳光。"嘟嘟熊说着，便起床了。

因为，春天已经来了。

(选自《小熊的森林》，江苏凤凰少年儿童出版社 2016 年 1 月版)

阅读点拨

　　小熊是幸福的，因为它能享受到阳光，早上、吃饭时……阳光无时无刻不照耀着小熊。除此之外，为让小熊能安静地冬眠，雪人也为小熊遮挡阳光。我们可以看到阳光宽厚无私的爱和雪人舍己为人的献身精神，它们使小熊时刻被温暖和爱包围着。

我思我行

理解感悟

1. 夸大是寓言常采用的写法之一,它能更好地勾画出某类人的特点和思想;拟人也是寓言常用的方法,它把人类以外的动植物或非生物人格化,使之具有人的思想感情或某种人的特点。寓言《驴子与青蛙》属于＿＿＿＿＿＿＿＿＿＿＿＿＿＿＿＿写法。

2. 童话是儿童文学的重要体裁,是一种具有浓厚幻想色彩的虚构故事,多采用夸张、拟人、象征等表现手法,编织奇异的情节,反映作者的思想感情或社会问题。本单元的童话《狐狸和猫》反映的主题是＿＿＿＿＿＿＿＿＿＿＿＿＿＿＿;《尾巴它有一只猫》反映的主题是＿＿＿＿＿＿＿＿＿＿＿＿＿＿＿＿。

实践拓展

1. 你们班开展了寓言故事会,请选择你熟悉的寓言故事向大家讲一讲。

2. 童话故事最大的特征是用丰富的想象,赋予动、植物以人的感情,通过想象使得童话故事的意境生动优美。请选择本单元的一篇文章,根据内容,发挥想象,画一幅图画,然后与同学们交流。

阅读延伸

1. 《格林童话》(格林兄弟著)

《格林童话》是世界儿童文学中一颗极为璀璨的明珠,也是编写最早、篇幅最多、生动有趣的童话集。已有近百年历史的《格林童话》,在我国家喻户晓,妇孺皆知。它热情地歌颂了智慧和真善美,无情地鞭挞了丑恶和奸诈,使孩子们善良和纯真的一面得到升华,聪明和智慧的火花被点燃。本书的文字清新、浪漫,意境优美,想象丰富。书中美丽的故事把我们带到快乐无边、充满幻想的世界。

2. 《宝葫芦的秘密》(张天翼著)

《宝葫芦的秘密》是一部深深影响了数代中国孩子的优秀儿童文学作品。该书讲述了王葆幻想得到一个宝葫芦,可以不费力气得到一切。一天,他的愿望终于实现了,心里想要什么就有什么,他和同学下棋想吃掉对方棋子,棋子马上就飞到他嘴里……他的宝贝不但没给他带来幸福反而带来痛苦。他毅然把这个宝贝抛弃,"轰"的一声后,原来这只是他自己做的一个梦。他从此改正了缺点,认真学习,做一个好学生。

第二单元

品味现代美文

　　一篇美文好似一杯滋味甘甜的美酒，让人回味无穷；一篇美文好似一面铁面无私的镜子，让人心灵净化；一篇美文好似一阵轻柔和煦（xù）的春风，让人心情舒畅……总之，读一篇美文能够让我们的心灵受一次洗礼。

　　品味美文最重要的是多读，在欣赏的过程中积累词汇，可以把优美的词汇摘抄下来，分类整理，并用心体会这个词在句中的意义。另外，我们还要抓住关键的语句，展开丰富的想象和联想，深刻理解文章所表达的情感。

闷　雨

黄桂芳

夏天，北方有一种雨，大家叫它"闷雨"。

天气先是闷热极了，空气像凝固了一样，人们挥扇不已，却挥不出一点儿风。

忽然，西北角上乌云密布，轰隆隆，雷声响了，你还没来得及防备，就看见那大点大点的雨，带着劲健的重量，打在泥土地上。一打一个圈圈，深入到泥土里，稀疏，却是坚定的。你这才感觉到满楼的风，说声："雨来了!"

来不及做什么准备，唰啦啦的急雨，就紧跟着风的衣襟，窜进了整个空间。"檐溜"一下子就形成了，像被人迅疾地放下了卷着的珠帘，"哗啦"一声，挡在了你的门窗之前，整排整排的珠子，闪亮喧哗。抬头看，那紧靠帘前的一排，从远处快乐地挤过来，一个一个地挤过来，急板的节奏，像小孩的游戏，嬉笑着，院子里一下子就积了盈尺的水。荷花最开心了，那粉红的花瓣，在来不及承接雨的圆珠的荷叶旁边，笑得灿烂。

家中养的小鸭也迫不及待地摆着它们玲珑的尾舵吱吱地招呼着同伴，组成小小的船队，游到院子中央，把新积起来的雨河，划上一些剪形的尾线。那三两枚被雨点打下来的落叶，在它们身旁漂着，真像要给蚂蚁做渡船。麻雀却都躲到檐下来了。

小孩子跑到院里去踩水，把他们的小木盆放在水里当小船。大人呵斥他们，说，衣服都淋湿了。孩子们却只顾玩着。其实，雨已经停了。

天变得好蓝！远处出现了一道彩虹。

（选自《遥远的琴声》，安徽少年儿童出版社 2014 年 2 月版）

阅读点拨

　　作者通过细心观察，运用拟人的修辞手法把下"闯雨"时的情景生动地展现出来：整排的雨珠、欢快的孩子、灿烂的荷花、戏水的小鸭……大家都以自己的方式传达着喜悦的心情。

外婆，你好吗？

梅子涵

外婆去世以后，每年春天我都乘火车或者轮船去看她。

去看的是一个墓。

外婆的墓在她的家乡。

她在我出生的时候，从家乡来到我的身边，四十多年一瞬间过去了。

那时候我睡在摇篮里，是个伸手伸脚的婴儿，外婆放下包袱就说："我的毛毛怎么这么好玩啊！"

她把我领大。她还把我的女儿领大。

然后是我送她回家。

人生就是这样，总要分别，在一起的时候真没有好好珍惜啊！

我送她是乘的船。小时候，外婆带我去乡下，也常常乘船。外婆叫它大轮。我们在十六铺码头上船，经过南通、镇江、南京、马鞍山，到芜湖下。

外婆领我乘四等舱，也坐过三等舱。

外婆坐在舱里，我满船地走了玩。从上走到下，从头走到尾。看江里的流水，看岸上的景色。无穷无尽的旅途乐趣和感觉，都因为有外婆带着而无忧无虑，尤其在今天想起来，那是最温馨的童年记忆和诗画了，也恍（huǎng）惚（hū）和伤感。

可现在外婆已不在。我送的是一个很小的盒子，用红的布包着的。

我捧着盒子走上大轮。

小的时候，外婆抱着我上船，背着我上船，挽着我上船。

这是多么不同的两种情景，当中隔着的是时间。

我把它放在床头。

坐船的感觉依旧，江水的声音依旧，岸上的景色也是依旧的，但是我的外婆不在了。

我没有任何的心情，只是坐在外婆的盒子旁边，想陪陪她，自从长大以后，走进了外面的世界，坐在外婆身边的时间就很少，但是现在来不及了。下了船以后，外婆的盒子将被放进地下，那更是真正永远地分开了……

外婆的墓在长江边上。

我离开她是夕阳西下时。夕阳照在墓群照在她的墓上。

我说外婆我走了，我泪水涟涟，趴在她的碑前。

离开的时间是那么难啊，我把外婆留在这里，我却要走了。我说外婆我走了哦——

我走几步，就回一下头，每年都这样。

（选自《撑起伞来等啊等》，江苏少年儿童出版社 2009 年 1 月版）

阅读点拨

文章用质朴的语言叙述了作者小时候在外婆的疼爱下长大，童年的时光也因为外婆的陪伴而更加充满色彩。长大后，作者趴在外婆的墓碑前，泪水遍洒。这篇以思念为主的文章贯穿着作者对外婆的爱，对过世亲人的怀念，字里行间都是满满的怀念和回忆。

肥 皂 泡

冰　心

小时候，我玩儿过很多游戏，其中最爱玩儿的是吹肥皂泡。

阴雨时节，不能到山上海边去玩儿，母亲就教我们在廊子上吹肥皂泡。她说阴雨时节，天气潮湿，肥皂泡不容易破裂。

我们把用剩的肥皂头儿，放在一只小木碗里，加上点儿水，和（huò）弄和弄，使它溶化。然后用一根细竹管，蘸上那黏（nián）稠的肥皂水，慢慢地吹起来，吹成一个又轻又圆的泡儿。再轻轻地一提，那轻圆的球儿，便从竹管上落了下来，慢悠悠地在空中飘游。如果用扇子在下面轻轻地扇，它们有时能飞得很高很高。

这肥皂泡很美丽，五色的浮光，在那清澈透明的球面上乱转。若是扇得好，一个大球，还会裂成两三个玲珑的小球，四散纷飞。有时吹得太大了，扇得太急了，这脆弱的球儿，会扯得又长又圆,颤巍巍的,光影凌乱。这时大家都悬着心,仰着头,屏(bǐng)住呼吸……不久,这五彩的薄球,就无声地散裂了,又变成肥皂水落了下来,水珠洒到我们眼睛里。大家都赶忙低下头揉眼睛,揉出了眼泪。

　　那一个个球儿,是我们自己小心地轻轻地吹出来的。它们轻轻地飞起,是那么圆润,那么自由,那么透明,那么美丽。借着扇子的轻风,它们一个个飞到天上,轻轻地挨着明月,渡过天河,跟着夕阳西去。或者轻悠悠地飘过大海,飞越山巅……目送着它们,我们心里充满了快乐、骄傲与希望。

(选自《最经典儿童文学》,长江文艺出版社 2013 年 1 月版)

阅读点拨

　　这篇文章描写了作者童年时代的有趣生活。作者通过细心观察,用优美、生动的语言再现了吹肥皂泡的过程,表达了作者对美好生活的向往之情。

脚印和大海

张秋生

一个胖墩(dūn)墩的小男孩。

他光着脚,从岸边一直向大海走去,在沙滩上留下一行深深的脚印。

远远望去,就像一条粗粗的锁链。

就在他留下的第一个脚印里,爬进一只小海蟹。这只小海蟹生活在礁石后面,他来到世界上才一天。当他爬进这个深深的脚印中,里面还有一汪浅浅的水,小海蟹玩得很痛快,他说:"这大概就是海了吧,海可真好啊!"

一个瘦瘦的小男孩在边上听到,笑了。

小男孩拾了一根小棍,轻轻地挖着。他把胖男孩留下的这一行通向海的脚印,一个个连接起来,然后再把海水顺着脚印引了进来。

他看到小海蟹沿着这一个个脚印,又游又爬地向前跑去。

他想，当小海蟹第一眼看到大海时，一定会说："哦，这才是真正的大海！"

（选自《太阳的爱》，湖南少年儿童出版社 2006 年 6 月版）

阅读点拨

小海蟹是不幸的，它没有到过大海，因此它把脚印当作大海；小海蟹又是幸运的，在小男孩的帮助下，它将见到大海，感受到大海的广阔。其实我们也和小海蟹一样，不能停留在自己的小天地里，应该敞开心扉，拥抱更广阔的生活。

秃 的 梧 桐

苏雪林

"这株梧桐，怕再也难得活了！"

人们走过秃梧桐下，总这样惋惜地说。

这株梧桐,所生的地点,真有些奇怪。我们所住的房子,本来分作两下给两家住的,这株梧桐,恰恰长在屋前的正中,不偏不倚,可以说是两家的分界碑。

屋前的石阶,虽仅有其一,由屋前到园外去的路却有两条——一家走一条。梧桐生在两路的中间,清荫分盖了两家的草场;夜里下雨,潇潇淅淅打在桐叶上的雨声,诗意也两家分享。

不幸园里蚂蚁过多,梧桐的枝干,为蚂蚁所蚀,渐渐地不坚牢了。一夜雷雨,便将它的上半截劈折,只剩下一根两丈多高的树身,立在那里,亭亭有如青玉。

春天到来,树身上居然透出许多绿叶,团团附着树端,看去好像一棵棕榈树。

谁说这株梧桐不会再活呢? 它现在长了新叶,或者更会长出新枝,不久定可以恢复从前的美荫了。

一阵风过,叶儿又被劈下来,拾起一看,叶蒂已啮(niè)断了三分之二,又是蚂蚁干的好事。哦,可恶!

但勇敢的梧桐,并不因此挫了它求生的志气。

蚂蚁又来了,风又起了,好容易长得掌大的叶儿又飘去了。但它不管，仍然萌新的芽，吐新的叶，整整地忙了一个春天，又整整地忙了一个夏天。

秋来，老柏和香橙还沉郁地绿着，别的树却都憔悴了。年近古稀的老榆，护定它青青的叶，似老年人想保存半生辛苦贮蓄的家私，但哪禁得西风如败子，日夕在耳畔絮聒？现在它的叶儿已去得差不多，园中减了葱茏的绿意，却也添了蔚蓝的天光。爬在榆干上的薜荔，也大为喜悦，上面没有遮蔽，可以酣饮风霜了。它脸上醉得枫叶般红，陶然自足，不管垂老破家的榆树，在它头上瑟瑟地悲叹。

大理菊东倒西倾，还挣扎着在荒草里开出红艳的花。牵牛的蔓，早枯萎了，但还开花呢，可是比从前纤小，冷风凉露中，泛满浅紫嫩红的小花，更显娇美可怜。还有从前种麝香、连理花和凤仙花的地里，有时也见几朵残花，秋风里，时时有玉钱蝴蝶，翩翩飞来，停在花上，好半天不动，幽情凄恋。它要僵了，它愿意僵在花儿的冷香里！

这时候，园里另外一株桐树，叶儿已飞去大半，秃的梧桐，自然更是一无所有，只有亭亭如青玉的干，兀立在惨淡斜阳中。

"这株梧桐，怕再也不得活了！"

人们走过秃梧桐下，总是这样惋惜似的说。

但是，我知道明年还有春天要来。

明年春天仍有蚂蚁和风呢！

但是，我知道有落在土里的桐籽。

(选自《中国最美的散文(学生版)》，北京教育出版社 2013 年 3 月版)

阅读点拨

　　文中叙述了一棵梧桐树的生长经历，它生长的地点特别，给两户人家带来了诗意，在不幸遭受蚂蚁的侵蚀和风霜的袭击后，它始终顽强地生存着。作者歌颂了梧桐树的这种与恶劣环境作斗争的精神。

同　情

[印度]泰戈尔

如果我只是一只小狗，而不是你的小孩，亲爱的妈妈，当我想吃你盘里的东西时,你要向我说"不"吗?

你要赶开我,对我说道"滚开,你这淘气的小狗"吗?

那么,走吧,妈妈,走吧!当你叫唤我的时候,我就永不到你那里去,也永不要你再喂我吃东西了。

如果我只是一只绿色的小鹦鹉,而不是你的小孩,亲爱的妈妈,你要把我紧紧地锁住,怕我飞走吗?

你要对我摇你的手,说道"怎样的一个不知感恩的贱鸟呀!整夜地尽在咬它的链子"吗?

那么,走吧,妈妈,走吧!我要跑到树林里去,我就永不再让你抱我在你的臂里了。

(选自《生如夏花:泰戈尔经典诗选》,郑振铎译,江苏凤凰文艺出版社 2016 年 1 月版)

阅读点拨

　　作者以小孩子的口吻,对母亲不善待小狗、小鹦鹉提出疑问,进而推及所有幼小的动物生命来唤醒大爱:动物也是生命,也需要我们人类去保护它们、爱护它们。

大自然与人类的心灵

[美]爱默生

　　我从我家对面的小山顶上观看早晨的壮丽景色，从破晓一直到太阳升起，我的心情几乎可能同天使分享。无数细长柔软的云朵像鱼儿一样在殷红的霞光里飘游。我如同站在岸边，从地面眺望那沉寂的云海。我似乎被卷入它迅速的变幻之中——一阵阵狂喜淹没我的身躯，我随着晨风不断膨胀，与之共同呼吸。大自然是怎样地运用这些简单又普遍的力量使我们变作神灵啊！

　　昨天晚上那种冬季日落的景色也极其迷人。西风吹动大量云团，把它们分割成越来越小的粉红色絮（xù）片，又给它们染上难以形容的柔和色调；而当时的空气中饱含着生命的搏动和香甜气息，使人觉得待在家里真是一种痛苦。大自然在此时会说些什么呢？难道磨坊背后那条静寂安详的山谷本身就毫无意义——就连荷马或莎士比亚也无法为我用语言转达它的心声？脱落了树叶的树干在日落中变成了燃烧的尖塔，衬托着东方瓦蓝的天幕；枯萎凋谢的花朵只剩下星星状的花托，而每根残茎败梗（gěng）都披着凝霜，为这无声的音乐演奏贡献它的一份努力。

城里的居民以为乡间只有半年的好风景可看。我却尽情欣赏冬季风光的优雅情致，并且深信，它就像夏天宜人的气候一样令人留恋。对于目光关注的人来说，一年中的每一时刻都有它独特的美丽。哪怕是在同一片田野里，人也能每个小时看到一幅前所未见、后不重复的图画。天空时时都在变幻之中，它把它的光辉或阴暗色调反射到地面上。四周农场的庄稼生长情况，能在一周之内改变地表的面貌。草场与路边的野生植物互相更迭——它们代表着静默的夏季时钟——这使得细致的观察者竟有可能依此区分每一天的不同之处。鸟类与昆虫的活动也像植物一样准时，它们先后来去，在一年里都有自己的时间。水面生物的变化就更多了。7月里，我们这条可爱的小河浅水处长满了蓝色雨久花或大片的狗鱼草，黄蝴蝶成群结队地在花草丛中飞舞。任何图画也敌不过这种色彩斑斓的壮丽场面。说真的,一条河流实在就是一条画廊,它每个月都要隆重推出一个画展。

（选自《论自然·美国学者》,赵一凡译,生活·读书·新知三联书店2015年11月版,有删改）

阅读点拨

作者发挥了丰富的想象,如"无数细长柔软的云朵像鱼儿一样在殷红的霞光里飘游""脱落了树叶的树干在日落中变成了燃烧的尖塔",进而感受到了"当时的空气中饱含着生命的搏动和香甜气息""随晨风不断膨胀,与之共同呼吸"心灵的喜悦。从字里行间我们深深体会到作者对大自然的喜爱,呼吁人与自然要和谐相处。

我思我行

理解感悟

1. 美文之所以美,美在它的形式灵活多样;美在它的语言生动形象;美在它描绘的场景动人;美在它的思想深刻……《闯雨》美在＿＿＿＿＿＿＿＿＿＿＿;《同情》美在＿＿＿＿＿＿＿＿＿＿＿＿＿＿＿＿＿＿＿＿＿＿＿＿＿。

2. 人是自然界中的一员,在自然界中扮演着重要的角色。人类的行为不仅影响人类自己,而且还影响整个自然界。《大自然与人类的心灵》一文告诉我们应该如何对待自然?

实践拓展

《外婆,你好吗?》一文告诉我们亲情是世界上最宝贵的财富。长辈的养育之恩当涌泉相报,请利用假期帮助父母或其他长辈做一些力所能及的事情。

阅读延伸

1. 《金波典藏美文仿写》(金波著)

国际安徒生奖提名获得者金波撰写了小学生分年级美文仿写指导读物——《金波典藏美文仿写》,它被称为"美丽的文字素材库",并且学习借鉴了许多名家精华。

2. 《繁星》(冰心著)

《繁星》是冰心的第一部诗集,收入诗人从 1919 年冬至 1921 年秋所写小诗共 164 首。《繁星》包括三个方面的内容:一是对母爱与童真的歌颂;二是对大自然的崇拜和赞颂;三是对人生的思考和感悟。

第三单元

拜读经典名著

经典名著是人类智慧的结晶。阅读经典名著就像是和大师们对话。阅读他们的每一本书,都是站在巨人的肩膀上,能够给予我们无穷的知识。

阅读经典名著,首先要用心去读,即以你之心与作者之心、作品人物之心相会、交流、感受、体验他们的欢乐与痛苦,思考作品的意义。其次是对作品语言的感悟,文学大师笔下的语言,是具有灵性的,它有声、有色、有情感……

单刀赴会(节选)

[元末明初]罗贯中

  关羽听说马超勇武,心中不服,叫关平送信给刘备,他要入川与马超比个高低。孔明回信给关羽说:"马超虽勇,但绝不及将军的超群绝伦。"关羽见信哈哈大笑说:"还是孔明知道我的心事。"

  孙权见刘备已取得西川,便将诸葛瑾(jǐn)一家老小拿下,让诸葛瑾入川,向弟弟诸葛亮讨还荆州,以救家小。

  孔明与诸葛瑾一同见刘备想要回荆州。孔明跪地请刘备还荆州,但刘备不肯,哪知孔明哭求不止,刘备只好说:"看在军师面上,将长沙、零陵、桂阳三郡还与东吴。"诸葛瑾心里暗喜,哪里知道这其实是弟弟的计策。

  诸葛瑾高兴地拿着刘备的书信,找关羽交割三郡。但关羽早已接到孔明书信,看了诸葛瑾拿来的文书,大怒说:"三郡都是大汉疆土,为什么要给东吴? 将在外,君令有所不受。我哥哥虽然答应，我却不能还。"

诸葛瑾一时傻眼了，无奈之下只好再次入川找弟弟，不料孔明出巡去了，刘备借机劝诸葛瑾先行回去。诸葛瑾别无他法，只好回到江东，向孙权报告经过。孙权大怒，问鲁肃该怎么办。鲁肃便设了一计，请关羽至陆口赴宴，如不答应还荆州便杀了他。

关羽第二天过江赴宴。鲁肃便安排刀斧手埋伏，又令吕蒙、甘宁领兵埋伏在岸边。晌午时候，关羽坐船来到对岸。

关羽与鲁肃入席饮酒，关羽一手拿过周仓手里的大刀，一手挽着鲁肃，假装醉了，说："你今天请我喝酒，就不要提荆州的事了。我醉了，弄不好要伤情面。改日请你到荆州来，再商议吧！"边说边扯着鲁肃往江边走去。

吕蒙、甘宁想要出兵拦截，又怕伤了鲁肃，只好眼睁睁看着关羽登船回荆州去了。孙权本想发兵攻打荆州，但听说曹操又要南下打东吴，只得先丢下荆州，调兵去抵抗曹操。

（选自《三国演义（青少版）》，吉林教育出版社 2006 年版）

阅读点拨

　　文章通过对关羽语言、动作、神态等的描写,充分展现了关羽英勇无畏、足智多谋的形象。我们在生活中面对困难时,应该向关羽学习。

孙悟空三打白骨精(节选)

[明]吴承恩

　　一天,他们来到一个叫白虎岭的地方。这地方到处是奇形怪状的石头,连一户人家也没有。唐僧肚子饿了,便让悟空去找些吃的。悟空刚走,唐僧他们就被一个叫白骨精的妖怪发现了。妖怪自言自语:"真是好运气,听人说,吃一块唐僧肉就可以长生不老。"

　　白骨精看见唐僧身边有八戒和沙僧保护,就摇身一变,变成了一个年轻漂亮的村姑,抓了一些癞蛤蟆和一些长尾蛆

(qū)，用了法术，变成米饭和炒面筋，装在竹篮里，走到唐僧面前，说是为还愿特地来请他们吃的。唐僧半信半疑，那八戒却嘴馋，接过篮子就准备吃。

就在这时，刚好孙悟空化斋(zhāi)回来了，用火眼金睛仔细一看，发现是一个妖怪变的女子，举棒便要打。唐僧赶忙拦住悟空，可是，哪里拦得住！悟空趁唐僧一不留神，一棒打去。没想到那个妖怪也有点本领，用了一个法术，扔下一具假的尸体，自己化作轻烟逃走了。

唐僧责怪悟空不该打死人。悟空拿过竹篮，让唐僧看里面的癞蛤蟆和长尾蛆，唐僧这才相信那村姑是个妖怪。猪八戒没有吃成饭，心里很不高兴，说这是悟空使的障眼法，变了些癞蛤蟆、长尾蛆来骗师父。唐僧居然相信了，念起紧箍(gū)咒，疼得悟空满地打滚。

悟空求唐僧饶他，唐僧本来就心慈，看在师徒情分上，答应这一次饶了他。于是，师徒四人又上路了。但是那个白骨精这时却又想出了一条毒计，她摇身一变，又变成了一个七八十岁的老太婆，拄着拐杖，哭着向他们走了过去。

孙悟空睁大火眼金睛，见又是白骨精变的，一句话也不说,举着棒子就打。那个妖怪还是用了个法术,扔下一具假的尸体在路边,自己逃走了。唐僧吓得差点从马上掉下来,一气之下,一口气把紧箍咒念了二十遍,要赶走悟空。

孙悟空头疼得厉害,向师父求饶:"师父如果不要我了,就请把头上这个箍取下来。"可是唐僧只学过紧箍咒,又没学过松箍咒,怎么能取得下来,没有办法,只好答应再饶悟空一次,反复嘱咐他不准再把人打死。悟空连忙点头答应,扶着唐僧上了马,继续上路。

白骨精不甘心唐僧就这样走了,又变成一个白发老公公,来找他的妻子和女儿。虽然悟空早已认出他是妖怪,但是害怕师父又念咒语,就没有立刻动手。那白骨精却把唐僧拉下马来,说是要到官府去告他。悟空急了,抢棒就要打,没想到那妖怪却躲到唐僧的背后。

悟空见师父护着那妖精,就念动咒语,叫来本地的山神和土地神,让他们在空中拦住妖怪,然后举起棒子就要打。唐僧见他又要打人,气得念起了紧箍咒,痛得悟空倒在地上。白骨精见了,便在一旁偷偷地冷笑。悟空忍着疼,挣扎起来,一棒子打死了妖怪。

被打死的妖怪现了原形，成了一堆白骨，在脊梁骨上还刻有"白骨夫人"四个字。悟空把这些指给唐僧看。唐僧这才有点相信。不料，八戒这时却在一边插嘴："大师兄是怕师父念咒，才用了法术，变出副白骨来骗人的。"

唐僧一听，非常生气，不管悟空怎么求饶，沙僧怎样说情，一定要把悟空赶走，并且写了一张贬书，递给悟空。悟空见师父已经下定决心，长叹一声，转身握住沙僧的手，含着泪说："好好保护师父，如果遇到妖怪，就说我是他的大徒弟，妖怪就不敢伤害师父了。"

（选自《西游记（白话美绘版）》，中国少年儿童出版社 2006 年 2 月版，有改动）

阅读点拨

　　小说以刻画人物形象为重点，从语言、神态、动作以及心理等方面描写孙悟空三次冒着危险，与白骨精斗智斗勇，挽救师傅的性命，即使在师傅的误解甚至惩罚下，也忠心耿耿地保护着师傅的情景。我们在文中看到了一个机智勇敢、忠心耿耿、不畏艰难的孙悟空。

真假李逵（kuí）（节选）

[元末明初] 施耐庵

李逵大约前行了十多里路，天色渐渐明亮，前往那带有露珠的草中，赶出一只白兔来，白兔往前路去了。

李逵赶了一路，笑道："那畜生倒引了我一程路！"正走之间，只见前面有五十来株大树丛杂，正是初秋，树叶儿正红。

李逵来到树林边，只见转过一条大汉，喝道："识相的留下买路钱，免得被夺了包裹！"李逵看那人时，戴一顶红绢头巾，穿一身粗布棉袄，手里拿着两把板斧，把黑墨搽在脸上。李逵见了，大喝一声："你是什么人，敢在这里抢劫！"

那汉子道："如果问我名字，会吓破你的胆！老爷叫做'黑旋风'！你留下买路钱，便饶了你性命，允许你过去！"李逵大笑道："真没意思！你是什么人，哪里来的，用老爷名号，在这里横行！"李逵举起手中朴刀奔向那汉子。那汉子哪里抵挡得住，正要逃跑，早被李逵在他腿上砍了一刀，倒翻在地。李逵一脚踏住他的胸脯，喝道："认得老爷吗？"那汉子躺在地下叫道："爷爷！饶命！"

李逵道："我正是江湖上的好汉黑旋风李逵！你这人侮辱了老爷名号！"那汉子道："我姓李，不是真的黑旋风。因为爷爷江湖上的名号，就是鬼听了也害怕，因此我盗用爷爷名号在此抢劫。只要有孤单客人经过，听说了'黑旋风'三个字，便丢了行李逃走了，于是我得到些钱物，实在不敢害人。小人自己的贱名叫李鬼，就在这前村住。"

李逵道："你这人居然这样，在这里抢夺别人的行李，坏我的名号，还学我使两把板斧！你先挨我一斧！"说完夺过一把斧来便砍。李鬼慌忙叫道："爷爷！杀我一个，就是杀两个！"

李逵听了赶忙住手，问道："怎么杀你一个便是杀两个？"李鬼道："我本不敢抢劫，因为家中有个九十岁的老母，无人赡养，因此我借用爷爷大名吓唬人，抢夺些单身过路人的包裹，来赡养老母。其实我并不曾杀害一个人。现在爷爷杀了我，家中的老母必定会饿死！"

李逵虽是个杀人不眨眼的人，但听了这话，心里想到："我特地回家来接娘，却杀了一个养娘的人，天地也不会宽恕我的——算了！算了！我饶了你性命！"于是放开李鬼。李鬼手提着斧，跪下给李逵作揖。李逵道："现在认识真的黑旋风李逵了吧？你从今以后不要坏了我的名号！"李鬼道："你今天饶了我性命,回家以后马上换个干活的法子,再也不敢倚仗你的名号,在这里拦路抢劫了。"李逵道:"你有孝顺的心,我给你十两银子做本钱,去换个行当吧。"

李逵便取出一锭银子,给了李鬼。李鬼拜谢后离开了。李逵笑道:"这人撞在我手里!既然他是个孝顺的人,肯定会去换个行当。我如果杀了他,天地一定不会宽恕我的。"李逵拿了朴刀,一步步朝偏僻的山间小路而去。

(选自《水浒传》,中国文联出版社 2016 年 6 月版,有删改)

阅读点拨

　　施耐庵笔下的梁山一百零八将,人物形象个个鲜明。其中的李逵便是一个表面粗鲁,实则粗中有细、心怀仁慈之人。文章选取了李逵回家接母亲到梁山去享福的途中,遇到李鬼借他的威名进行抢劫。李逵本想除掉李鬼,但得知李鬼的"孝心"之后,不仅没有杀李鬼,还给了他十两银子帮他渡过难关,可见李逵是一个有孝心的人。

　　李逵的人物形象之所以这样鲜明,主要在于作者运用了语言描写和心理描写,使得人物形象跃然纸上。

灾 难

[意大利]亚米契斯

二十一日,星期五

学年开始就发生了意外的事情。今早到学校去,我和父亲正谈着先生所说的话。忽然见路上人满了,都奔入校门去。父亲就说:"出了什么意外的事了! 学年才开始,真不凑巧!"

好容易,我们进了学校,人满了,大大的房子里充满着儿童和家属。听见他们说:"可怜啊! 洛佩谛!"从人山人海中,警察的帽子看见了,校长先生的光秃秃的头也看见了。接着又走进来了一个戴着高冠的绅士,大家说:"医生来了!"父亲问一个先生:"究竟怎么了?"先生回答说:"被车子轧伤了!""脚骨碎了!"又一先生说。原来是洛佩谛,是二年级的学生。上学来的时候,有一个一年级的小学生忽然离开了母亲的手,倒在街上了。这时,街车正往他倒下的地方驶来。洛佩谛眼见这小孩将被车子轧伤,大胆地跳了过去,把他拖救出来。不料他来不及拖出自己的脚,被车子轧伤了自己。洛佩谛是个炮兵大尉的儿子。正在听他们叙述这些话的时候,突然有一个妇人发狂似的奔到,从人堆里挣扎进来,这就是洛佩谛的母亲。另一个妇人同时跑拢去,抱了洛佩谛的母亲的头颈啜(chuò)泣,这就是被救出的小孩的母亲。两个妇人向室内跑去,我们在外边可以听到她们"啊!洛佩谛呀!我的孩子呀!"的哭叫声。

立刻,有一辆马车停在校门口。校长先生抱了洛佩谛出来。洛佩谛把头伏在校长先生肩上,脸色苍白,眼睛闭着。大家都静默了,洛佩谛母亲的哭声也听得出了。不一会儿,校长先生将抱在手里的受伤的人给大家看,父兄们、学生们、先生们都齐声说:"洛佩谛!好勇敢!可怜的孩子!"靠近一点的先生学生们,都去吻洛佩谛的手。这时洛佩谛睁开了他的眼说:"我的书包呢?"被救的孩子的母亲拿书包给他看,流着泪说:"让我拿着吧,让我替你拿去吧。"洛佩谛的母亲脸上现出微笑。这许多人出了门,很小心地把洛佩谛载入马车,马车就慢慢地驶去,我们都默默地走进教室。

(选自《爱的教育(典藏本)》,浙江文艺出版社 2016 年 3 月版)

阅读点拨

这是一个非常感人的故事：二年级的学生洛佩谛在上学的路上，把一个一年级的学生拖救出来，不料自己的脚却被车子轧伤了。大家都称赞洛佩谛是个勇敢的孩子。双方的母亲赶到后，并没有相互指责。被救孩子的母亲非常感激洛佩谛，同时也有些内疚；洛佩谛的母亲在悲伤的同时，也为自己儿子这样的行为感到自豪。

我们在别人遇到困难时也要伸出援助之手，献出无私的爱。

鲁滨孙漂流记（节选）

[英]笛福

现在，闲话少说，重回到日记上来吧。

我当前的境况是：虽然生活依然很艰苦，但精神却轻松多了。由于读《圣经》和祈祷，思想变得高尚了，内心也有了更多的安慰,这种宽慰的心情我以前从未有过。同时,健康和体力也已恢复,我重又振作精神,安排工作,并恢复正常的生活。

从七月四日至十四日,我主要的活动是带枪外出,四处走走。像大病初愈的人那样,走走歇歇;随着体力逐渐恢复,再逐步扩大活动范围。当时,我精神萎靡,体力虚弱,一般人实难想象。我治病的方法,可以说是史无前例的。也许,这种方法以前从未治愈过疟(nüè)疾。可我也不能把这个方法介绍给别人。用这个方法疟疾是治好了,但使我身体虚弱不堪。此后好长一段时间,我的神经和四肢还经常抽搐(chù)。

这场大病给了我一个教训:雨季外出对健康危害最甚,尤其是飓(jù)风和暴风带来的雨危害更大。而在旱季,要么不下雨,一下雨又总是刮暴风。所以,旱季的暴风雨比九、十月间的雨危害更大。

我在荒岛上已有十个多月了,获救的可能性几乎等于零。我有充分的理由相信,在我之前,从未有人上过这孤岛。现在,我已按自己的意愿安排好了住所,就很想进一步了解这座小岛,并看看岛上还有什么我尚未发现的物产。

七月十五日,我开始对这个小岛作更详细的勘(kān)察。

我先走到那条小河边。这条小河，先前已经提到，是我木排靠岸的地方。我沿河而上走了约两英里，发现海潮最远只能到达这里。原来这是一条小溪，溪水清澈，口味甚佳。现在适值旱季，溪里有些地方连一滴水也没有；即使有的话，也汇不成水流。

在小溪旁，是一片片可爱的草地，平坦匀净，绿草如茵；在紧靠高地的那些地势较高的地方（显然，这儿是河水泛滥不到的地方），长着许多烟草，绿油油的，茎秆又粗又长。附近还有其他各种各样的植物，可惜我都不认识。这些植物也许各有各的用处，只是我不知道罢了。

我到处寻找木薯，那是热带印第安人用来做面包的植物，可是没有找到。我发现了许多很大的芦荟，但当时不知道其用途。我还看到一些甘蔗，因为是野生的，未经人工栽培，所以不太好吃。我感到这回发现的东西已不少了。在回家的路上，心里寻思着如何利用这些新发现，可是毫无头绪。我在巴西时不曾注意观察野生植物，如今陷入困境也就无法加以利用了。

第二天，十六日，我沿原路走得更远。小溪和草地均已到了尽头，但树木茂盛。在那儿，长着不少水果，地上有各种瓜类，树上有葡萄。葡萄长得很繁茂，葡萄藤爬满树枝，葡萄一串串的,又红又大。这意外的发现使我非常高兴。但经验警告我不能贪吃。我记得,在伯尔伯里上岸时,几个在那儿当奴隶的英国人因葡萄吃得太多,害痢疾和热病死了。但是,我还是想出了一个很好的方法利用这些葡萄,就是把它们放在太阳下晒干,制成葡萄干收藏起来。我相信葡萄干是很好吃的。在不是葡萄成熟的季节,就可以吃葡萄干,又富营养又好吃。后来事实也证明如此。

那晚我就留在那里,没有回家。顺便说一句,这是我第一次在外面过夜。到了夜里,我还是拿出老办法,爬上一棵大树,舒舒服服地睡了一夜。第二天早上,我又继续我的考察。在山谷里,我大约朝北走了四英里,南面和北面是逶(wēi)迤(yí)不绝的山脉。

最后,我来到一片开阔地,地势向西倾斜。一湾清溪从山上流下来,向正东流去。眼前一片清新翠绿,欣欣向荣,一派春天气象;周围景色犹如一个人工花园。

我沿着这个风景秀丽的山坡往下走了一段路,心里暗自高兴,却又夹杂着苦恼。我环顾四周,心里不禁想,这一切现在都是我的,我是这地方无可争辩的君王,对这儿拥有所有权,如果可以转让的话,我可以把这块地方传给子孙后代,像英国采邑的领主那样。在那里,我又发现了许多椰子树、橘子树、柠檬树和橙子树,不过都是野生的,很少结果子,至少目前如此。可是我采集的酸橙不仅好吃,且极富营养。后来,我把酸橙的汁掺上水,吃起来又滋养,又清凉,又提神。

现在,我得采集一些水果运回家了。我采集了葡萄、酸橙和柠檬,准备贮藏起来好在雨季享用。因为我知道,雨季即将来临。

因此,我采集了许多葡萄堆在一个地方,在另一个地方又堆了一小堆,又采集了一大堆酸橙和柠檬放在另一个地方。我每种都带了一些走上了回家的路。我决定下次回来时,带个袋或其他什么可装水果的东西,把采集下来的水果运回家。

(选自《鲁滨孙漂流记》,郭建中译,译林出版社 1996 年 5 月版)

阅读点拨

本文描写了遇险后的鲁滨孙独自一人生活在孤岛上,面对严酷的环境,他并未放弃对生活的渴望。他积极想办法,在荒岛上凭借自己勤劳的双手和坚韧的毅力,顽强地与各种困难作斗争。

顽皮的孩子

[丹麦]安徒生

从前有一位老诗人——一位非常和善的老诗人。有一天晚上,他坐在家里,外面起了一阵可怕的风暴。雨在倾盆地下着;不过这位老诗人坐在炉旁,又温暖,又舒适。火在熊熊地燎着,苹果烤得哝哝发响。

"这样的天气,外面的穷苦人身上恐怕没有一根纱是干的了。"他说,因为他是一位非常好心肠的老诗人。

"啊,请开门! 我非常冷,衣服也全湿透了。"外面有一个小孩子在叫。他哭起来,敲着门。这时雨正在倾盆地下着,风把所有的窗扉吹得呼呼地响。

"你这个可怜的小家伙!"老诗人说;他走过去把门开了。门口站着一个小小的孩子。他全身没有穿衣服,雨水从他长长的金发上滚下来。他冻得发抖;如果他没有走进来的话,一定会在这样的暴风雨中冻死的。

"你这个可怜的小家伙!"老诗人说,同时拉着他的手。

"到我这儿来吧,我可以使你温暖起来。我可以给你喝一点酒,吃一个苹果,因为你是一个美丽的孩子。"

他的确也是很美丽的。他的眼睛亮得像两颗明亮的星星,他的金发虽然有水滴下来,可是卷卷曲曲的,非常好看。他像一个小小的天使,不过他冻得惨白,全身发抖。他手里拿着一把漂亮的弓,但是雨水已经把它弄坏了。涂在那些美丽箭上的色彩全都被雨淋得模糊不清了。

老诗人坐在炉边,把这小孩子抱到他的膝上,把雨水从他的卷发里挤出来,把他的手放到自己的手里暖着,同时为他热了一些甜酒。这孩子马上就恢复过来了。他的双颊也变得红润起来了。他跳到地上,围着这位老诗人跳舞。

"你是一个快乐的孩子!"老诗人说,"你叫什么名字?"

"我叫阿穆尔,"他回答说,"你不认识我吗? 我的弓就在这儿。你知道,我就是用这把弓射箭哪! 看啊,外面天晴了,月亮也出来了。"

"不过你的弓已经坏了。"老诗人说。

"这倒是很可惜的。"小孩子回答说,同时把弓拿起来,看了一看。"哎,它还很干呢,并没有受到什么损害。弦还很紧——我倒要试它一试!"于是他把弓一拉,插上一支箭,对准了目标,向这位和善的老诗人的心中射去。"请你现在看看究竟我的弓损坏了没有!"大笑了一声,于是他就跑掉了。这小孩子该是多么顽皮啊!他居然向这位老诗人射了一箭,而这还是一位把他请进温暖的房间里来的、对他非常和善的、给他最好的酒和最好的苹果吃的老诗人呢!

这位和善的老诗人躺在地上,哭起来了;他的心中了一箭。他说:"嗨,这个阿穆尔真是一个顽皮孩子!我要把这件事告诉所有的好孩子们,叫他们当心,不要跟他一起玩耍,因为他会对他们捣蛋!"

所有的好孩子们——女孩子和男孩子们——听到了他所讲的这个故事,都对这个顽皮的孩子有了戒心;然而他还是骗过了他们,因为他非常伶俐。当大学生听完了课出来的时候,他就穿着一件黑上衣,腋下夹着一本书,在他们旁边走,他们一点儿也没有认出他。于是他们就挽着他的手,以为他也是一个学生呢。这时他就把一支箭射进他们的心里去。当女孩子们到教堂去受"坚信礼"的时候,他也在后面跟着她们。是的,他老是在跟着人!他坐在戏院里的蜡烛台上,光耀夺目,弄得人们把他当作一盏明灯。可是不久大家就知道完全不是这么一回事。他在御花园里，在散步场上跑来跑去。是的，他从前有过一次射中了你爸爸和妈妈的心啦。你只需问问他们，你就可以听到一段故事。咳，这个阿穆尔真是一个坏孩子；你们绝不能跟他有任何来往！他在跟着每一个人。

你想想看，有一次他居然把一支箭射进老祖母的心里去啦——不过这是很久以前的事了。那个创伤早已经治好了，但是老祖母一直忘不了它。呸，那个恶作剧的阿穆尔！不过你现在认识他了！你知道他是一个多么顽皮的孩子。

（选自《安徒生童话》，叶君健译，人民文学出版社 2008 年 7 月版，有改动）

阅读点拨

本文借希腊神话中爱情之神的故事，说明爱无所不在。由于爱的存在，人生才变得丰富多彩，充满了生气和希望。

野洛和农夫（节选）

[美]迈·狄扬

他们在校园里，站成一圈，都挺不高兴，失望得谁都不愿看谁。不过大家好像都盯着那辆儿童车。皮尔和德克还傻乎乎地抱着干草。突然皮尔走上前去，把怀里的干草塞进儿童车。德克受了启发，也把他抱的干草放到皮尔的草上。儿童车停在一旁，上面堆着乱七八糟的干草。后来，就没有人再看儿童车了，所有的眼睛都转向了天空。

堤岸上方，高空远处，白色的巨翅扇动着——两只鹳（guàn）鸟从海面上出现了。经过钟楼上空时，他们飞得更高，更有决心，并不因为这儿是韶（sháo）若而下飞、回旋。它们渐渐地变成两个白点，在一望无际的蓝天中消失了。

慢慢地，大家的眼睛又移向下方，望着那辆儿童车。艾卡涨红了脸，嘴里咕噜着，一把抓住小车，狠狠地把它推向校园的一角。

"如果我们现在有只羊就好了。"奥卡望着掉在鞋上的草说。没有人发笑,也没有人搭讪(shàn)。奥卡自己也没有笑。大家那么安静,连莱娜费劲儿地咽了几口唾(tuò)沫都可以听见了。这就是女孩子的毛病,莱娜想,遇到这种事情就想哭。而男孩子们看上去则是显得气恼、顽强、厌烦。突然莱娜不再咽唾沫,也不想哭了,她生气了。

野洛替大家说话了。"听着!"他粗鲁地对大家说。"我们不能再玩弓和儿童车,也不能再在干草堆上玩了。"他把弓用力扔到停着儿童车的那个角落,正好被车上的干草钩住了,但野洛没去睬它。"注意,"他说,"鹳鸟已经来了。我们起码应该找到一个车轮,而且得拼命去找才成。"野洛在生自己的气,也生所有人的气。

"野洛说得有道理,"老师说。"我很高兴,你们现在能认识到这一点。我们原来并没真正指望在韶若找到车轮。我们看见的鹳鸟,也不过是最早的两只,所以大家不要太失望。今后,鹳鸟会一对对,一群群地飞来。要把他们吸引到韶若来,我们能做到的事确实太少了。我们能做的,也只是把车轮放到屋顶上,其他就要靠鹳鸟了。而这一点,我们得立刻就做,然后,才可以玩。"

"我们一定真去找。"大家严肃地答应道。

"好。那么我们午饭后立刻再出发去找。从韶若有五条路通往村外。你们男孩每人走一条,莱娜负责堤岸。"

"堤岸?"莱娜问。

"对。我知道车轮在堤岸上的可能性不大,可是从堤上,能看见所有的偏僻小路和远离大路的农舍,那里,男孩子们走不到。在男孩们搜寻所有沿着大路的房子和谷仓的同时,你就负责那些地方。"

"我们该走多远呢?"艾卡问。

"一直到找到轮子为止。"没等老师说话,野洛就抢先回答。

"我下午会一直待在学校里,如果有必要我会等到傍晚,"老师说,"所以你们找完自己的那条路,千万要告诉我。如果有人找到轮子,我就敲学校的钟。你们听见钟声,就回来。现在大家回去吃午饭。可是别忘了,我还得说一遍,要到可能有的地方去找,也要到不可能有的地方去找。虽然今天早上使你们失望了,但是意外的事情会经常发生,让我们吃惊的。"

看来又有希望了,海面没再出现鹳鸟。大家分散,各自拼命跑回家去。

星期六下午四点钟。韶若一片寂静。除了钟楼下广场上有三个幼儿在玩,四处见不到一个孩子。五个男孩和菜娜已经到乡间去找马车轮了。老师站在学校门口,望着通往乡间的空旷(kuàng)大道。这条路是野洛负责的,路上没有人,也不见野洛的踪影。

老师自己笑着想道,"野洛现在是全心全意地干了。他要是干起来,会跑到邻省去。"学校上空,又有两只鹳鸟出现了。它们扇动着翅膀,很快地向远方飞去。老师目送着它们远去。在路上的孩子们也会看到这两只鹳鸟。"一点不错,他们没丧失信心。"老师对自己说。

老师又把视线转向大路。这时路上可不是空荡荡的了,他看见远远有个车轮从狭窄的小路上滚来,一个男孩跟在后面。车轮一倒,他就设法把它扶正,让它继续往前滚。一定是野洛——只有野洛才有力量独自滚动一个沉重的车轮。野洛找到一个轮子了！老师想转身去学校打钟。"最好先等一——洛要下决心干什么事儿，谁也说不准他会怎么个干法。还是等一下好。"

（选自《世界儿童小说名著文库（第六卷）》，新蕾出版社 1992 年 2 月版）

阅读点拨

　　本文描写了韶若的孩子们为了让鹳鸟停留下来，给韶若带来好运气，于是四处奔波，去找车轮放在尖尖的屋顶上。在寻找的过程中，孩子们渐渐地克服了好玩、懒惰等坏习惯，表现出了智慧、团结、勇气以及坚持不懈的品质。他们的精神打动了鹳鸟，鹳鸟在韶若屋顶上的车轮里落户了。

　　在生活中，只要大家团结在一起，就一定能克服困难，取得成功。

我思我行

理解感悟

1. 经典名著流传于世,受到人们的喜爱,除了有着深刻的思想之外,还在于作者刻画了一个个鲜活的人物形象。读了本单元的经典名著节选,你认识了一个_____的洛佩谛;还认识了_____的鲁滨孙。

2. 读了《野洛和农夫》一文,你被野洛感动,因为他_____
   _____
   _____

实践拓展

你校开展名著阅读交流会,要用话剧的形式展现名著的内容。请你们在老师的帮助下,选取《鲁滨孙漂流记》中的某些场景进行排练。

阅读延伸

1. 《淘气包马小跳之天真妈妈》(杨红樱著)

　　该书主要讲述了马小跳有一个拥有女孩般天真思想的漂亮妈妈。她是个橱窗设计师,她感动时会哭,难过时会哭得更厉害,拥有女孩般的好奇心……

她是马小跳心里的宝贝妈妈。如果你也想看这个宝贝妈妈的生活琐事,那就试试读读这本书吧! 保准你会被他妈妈的趣事所吸引。

2. 《绿山墙的安妮》(露西 · 莫德 · 蒙格马利著)

　　这是一部描写儿童生活的小说,是几个世纪以来的经典。该小说描写了一个微不足道的小女孩的成长过程,平实中温馨感人,她的身心,她的虚荣,她的骄傲,读者读了都会受到触动。文中景色描写很细腻,让人读过之后倍感心灵平静。

第四单元

探秘神奇的科技

　　当你在夜晚仰望星空，是否感到宇宙的神秘？当你走进春天，是否会思考春天为何如此绚丽多彩？揭示这一切都离不开神奇的科技。为了认识神奇的世界，我们要用科学的头脑来发现、思考问题。

　　阅读科普文章时要一边读一边想，看看文章给我们讲了哪些科学知识，自己从中得到了什么启发等。同时，读科普文章，还要弄清文章先写什么，后写什么，是按什么顺序写的，这样才能更好地了解和掌握相关的知识。

令人惊叹的生命

梅承鼎（dǐng）

生命的海洋，犹如万花筒，使人眼花缭乱。世界上有些顽强的生命，简直令人难以置信，它们巨大的忍耐力，真叫人叹为观止。

有些生物的再生力真令人羡慕！有个美国人把仙人掌切下来，吊在屋檐下30年，而后又栽入土中，它居然重新生长；我国东北出土的千年古莲子，经过北京植物园的技术人员精心培育，竟发芽开花；蝾螈（róng yuán）失去一条腿，过一段时间，还可以再长出一条新腿来；青蛙被击伤后，五脏六腑全都吐出来，人们以为它必死无疑，可是，它从容不迫地把内脏吞回腹中，慢慢地又活了。

生物的"耐高温、战严寒"也是令人咋舌的：人在零下50℃时，已感到活动困难，而蜗牛在零下120℃的环境下，照样正常生存；有的细菌甚至能在零下250℃的低温下长期存活；还有些"耐热"细菌可以忍受160℃～180℃的高温；希腊有一种名叫"烫鼠"的老鼠，竟然不怕开水烫，当人们把它扔到开水里时，它更为活跃，游泳自如，毫发无损，并因此而得名。

生物在耐饥渴方面，也有许多"高手"：骆驼一周不吃不喝，依然昂首阔步在沙海之中，行走自如；长颈鹿可以半年不喝水；埃及跳鼠可以三年不喝水；纽约动物园里的一条蟒蛇不吃东西，活了三年多；英国博物馆有两只蜗牛，被牢牢钉在木板上作标本，四年后它们还活着；狗耐饿的最高纪录是 117 个昼夜；印度蜘蛛不进食可活 18 年；据我国《史记》记载，古人曾用乌龟垫床脚，几十年后，人死床移，乌龟得以"解放"，它慢慢爬走，另谋生路去了。那只中国乌龟，恐怕是动物界已知的"耐饿冠军"了。

还有些生命几乎是不会完结的：比如水螅(xī)，它生活在淡水中，新陈代谢能力惊人，每两周就要把自身的所有细胞更换一次。从理论上说，它的寿命是无穷的；鲨鱼极少生病，而且几乎不患癌症，如果不是遇到"天灾鲨祸"，它们将不会死去；有些松树、柏树等长寿植物，生长了数千年，至今仍然郁郁葱葱；有的变形虫总是在不断地将一个细胞分裂成两个，生命的终结在何处？至今还是一个谜。

——世界因生命而缤纷，生命因爱而美丽。

阅读点拨

　　自然是神奇的。本文运用幽默的语言,介绍了自然界那些顽强的生命:再生力惊人、"耐高温、战严寒"、耐饥渴、寿命无穷尽……为说明这些特点,作者运用举例子、列数字等说明方法,将生物生命顽强的特点准确地表达出来,激发了读者的好奇之心。

沙漠里的"鬼哭"声

许淯(yìn)淏(wú)

　　唐代李华在《吊古战场文》中曾经描绘过内蒙古大沙漠和戈壁大沙漠一带的古战场荒无人烟、阴森恐怖。常常能够听到鬼哭声,"往往鬼哭,天阴则闻"。

　　沙漠里真的有鬼哭声吗?当然没有,那不是鬼哭,是沙丘的响声。原来,有一种能够发出响声的沙丘,叫作响沙丘。在我国内蒙古伊克昭盟达旗境内、宁夏中卫附近、新疆塔克拉玛干沙漠中，都有这种响沙丘。这种响沙丘，在寂静无人时，会发出吱吱响声。当有人从响沙丘上滑行下来时，就会发出一片"隆隆"的响声，与汽车和飞机的马达声相仿。当你用两手把沙子使劲一捧，就会听到"哇哇哇"青蛙般的叫声。如果很多人同时踏进沙丘，或者阴天疾风骤起，它就会发出更为吓人的巨响。其声响之大、嘈杂之甚，宛如鬼哭狼嚎。响沙丘，在国外已经知道的不下 90 处，它们主要分布在美洲各国。沙漠中的沙响是最常见的，其次是海滨和湖滨的沙丘的沙响，河沙会响的就极少了。

有人把沙响比作"歌唱"。听到过的人都觉得，沙子的"歌唱"可以同笛声、琴声、大提琴声、远处的雷声、飞机发动机的嘈杂声、哨声相比较；声音是多种多样的，但是它们有一个共同点，就是沙漠中的沙子"唱"的音调比较低，而海滨的沙子"唱"的音调比较高。

沙子为什么会"唱歌"呢？这是因为沙丘中有一部分石英沙，风吹沙丘移动时，石英沙相互摩擦，就产生了静电，发出吱吱的放电声。风越大，摩擦越厉害，产生的静电就越大，从而发出的放电声也就越大。虽然石英沙产生的静电电量是很小的，可是它的电压却很大。因此，一旦它同外界的金属相接触，就会发出吱吱的音响和熠熠的放电火花。人们若接触这种沙子，就会产生麻木的感觉。

阅读点拨

　　世界是奇妙的，值得人们去探索。本文从科学的角度，生动地解释了沙丘"唱歌"的原因。我们要用科学知识来武装自己的头脑，用科学的方法揭示自然之谜。我们还要仔细观察生活中的现象，用科学的观点来解释，这对我们的成长将有巨大的帮助。

"植物报时钟"的奥秘

刘宜学

　　18世纪著名的植物学家林奈，经过对植物的开花时间的多年研究之后，把一些开花时间不同的花卉种在自家的大花坛里，制成了一个"报时钟"。人们只要看看"报时钟"里种植在哪个位置的花开了，就大致知道时间了。因为每种花开放的时间基本上是固定的：蛇麻花约在凌晨3点开，牵牛花约在4点开，野蔷薇约在5点开，芍药花约在7点开，半支莲约在10点开，鹅鸟菜约在12点开，万寿菊约在下午3点开，紫茉莉约在下午5点开，烟草花约在傍晚6点开，丝瓜花约在晚上7点开，昙花约在晚上9点开。林奈正是根据各种花卉的开花时间来设计"报时钟"的。

　　就一天来说（在植物花期内），植物的开花时间大体是固定的；就一年来说，植物开始开花（始花），进入花期的月份也是大致不变的。有人把花期月份不同的12种花卉编成歌谣：

　　　　　　　　一月蜡梅凌寒开，

　　　　　　　　二月红梅香雪海；

　　　　　　　　三月迎春报春来，

　　　　　　　　四月牡丹又吐艳；

　　　　　　　　五月芍药大又圆，

　　　　　　　　六月栀(zhī)子香又白；

　　　　　　　　七月荷花满池开，

八月凤仙染指盖；

九月桂花吐芬芳，

十月芙蓉千百态；

十一月菊花放异彩，

十二月品红顶寒来。

如果有人在一个适当的地方，把这 12 种花卉按一定的顺序栽种，那么也可以组成一个"报月钟"。

为什么各种植物都有自己特定的开花时间，而且固定不变呢？

这是植物在长期的自然选择作用下形成的，以利于植物自己的生存。如在海滨的沙滩上，生活着一种黄棕色硅藻，每当潮水到来之前，它就悄悄地钻进沙底下，以免被猛烈的海潮冲走；当潮水退去时，它又立刻钻了出来，沐浴在阳光下，吸收阳光，进行光合作用。

科学家从细胞、分子水平研究发现，这种现象是由遗传基因控制的，因此可以代代相传，形成一种习性。如果把硅藻装入玻璃缸里，拿回家观察，就会发现：即使已经没有潮汐的涨落,可是它仍然像生活在海滩时一样,每天周期性地上升和下潜,上升和下潜的时间与海水的涨落时间完全一致。

(选自《动物与植物之谜》,内蒙古人民出版社 2007 年 6 月版)

阅读点拨

为弄清植物为什么会定时开花——"植物报时钟",作者先从植物学家林奈的研究引出话题。接着通过举例子的说明方法,生动地揭示出植物定时开花的原因——植物在长期的自然选择作用下形成,以利于植物自己的生存。世界上还有许许多多的奥秘等待我们去揭开,我们要从小培养观察、思考的能力。

克 隆 地 球

方 舟

21 世纪中期,世界人口暴增,人类面临着一个国际性的难题——无家可归。为了解决这个问题，人们把大面积的森林和田园变成了高楼大厦，政府也在毁山、填海，建起一片片新的居民区。可是谁也没有注意到，各种灾害正在向人类逼近。

我在加利福尼亚的地球科学研究室工作。昨天，我们的办公楼遭到了酸雨的猛烈袭击；今天，我又顶着沙尘暴来到了地球科学研究领域最有权威的老博士的办公室里。我向老博士阐述了我的一个大胆的设想——克隆一个地球！

老博士一听，拍案而起，说："好，还没有人想到这一点呢，我们行动吧！"老博士吩咐他的助手迈克尔帮助我完成这项计划。

我们从技术分析师那儿找来土、水、动植物、煤炭等克隆地球所需要的基本物质，提取基因后，制成了一个蓝色的小球体，起名叫"地球 2 号"。我们还用电脑对其进行检查，结果表明其基因分布非常合理，我们把它放在了温室中。

两个月后，我和迈克尔来到了温室。不出所料，这时的"地球 2 号"可以离开温室了。我们对它做了最后的检查：重

27 吨,4 个大洋,7 个大洲,水陆面积比例约为 5∶2。做好记录后,我们用高科技发射器把它送入太空。"地球 2 号"在太空中越变越大。半年后,大部分地球人都搬到了"地球 2 号"上,并在那里陆续建起了许多公园、居民区等。

　　我和迈克尔正在为我们的"杰作"而欣喜。这时,老博士来到我们的办公室,他问:"你们下一步要做什么?"我和迈克尔异口同声地说:"当然是治理一下我们的'老家'喽!"

　　(选自《品鉴 20 年最美获奖作文(小学卷)》,上海科学技术文献出版社 2012 年 1 月版)

阅读点拨

　　克隆技术是当前最先进的生物技术,然而作者要克隆地球,这当然是天马行空的想象。当前,地球的环境问题日益突出,就像文章开头所说的,在不久的将来,我们也许真的会无家可归。因此,与其"克隆地球",不如从现在做起,保护环境,用心爱护我们赖以生存的地球。

未来我们住在哪儿?

郑 宇

美国《科学新事》杂志新近介绍了几种全新概念的"未来住宅",这些住宅将突破性的设计思路和尖端的科技融为一体,堪称建筑科技领域的一流杰作,这也许会更新我们传统住宅的理念。

背 包 住 宅

背包对我们学生来说再熟悉不过了。"背包住宅"顾名思义,更像是"驴族"的住所。它的优点在于用很少的材料搭建出更大的空间,并配有能源供给的设施。"背包住宅"中有电、水、气管线,与供给设施连接后,就能使用这些能源。在你起床后,"背包住宅"可以"缩身"为一个与登山包体积相仿的背包;当你需要居住时,只需要将它展开,然后打开能源开关,它就会自动充气,形成一个 10 平方米的"房子",而这种便捷的

"住宅"是不需要防盗门的。

百 变 房 型

　　我们居住的传统住宅怎样装修,也不可能彻底改变其房型。而"百变房型住宅"的设计理念是:在居住单元内,用可移动的隔离板取代固定的墙体,通过对隔离板的增减和移动,组合变换成不同的房型(像在玩魔方)。隔离板用很轻的高科技材料制成,具有很好的隔音、防潮等功能。它与传统的直面墙体不同,是半圆形的,这样的设计是为了让隔板能以旋转式的方法移动,从而能更方便地组合房型。而房屋所配备的家具都将按照空间大小与隔离板相连,在房型重组的过程中,家具也可以合理移位。为了充分体现居住者的个性,隔离板还能涂上各种颜色和图案,装饰效果绝对是唯一的。

多 彩 居 屋

　　如果前两款房型还不能让你满意的话,就来看看"多彩居室"吧。这是一个让你能依靠高科技材料来获得最舒适光照的环境。"多彩居屋"中的窗户采用了一种含有"光过滤器"的特殊玻璃,它能过滤光线,并通过可控制光波的分子来"选择"光线强度和颜色。当你想让房间变得温暖和明亮时,你可以把窗户调节到"完全照射"的模式,反之,则调节到"屏蔽"模式。此外,你还可以通过颜色选项,使房间因光照而显现出不同的色彩。"多彩居屋"的好处,不仅在于它实现了节能、环保的生活,还在于它让生活变得更加丰富多彩。

防 灾 房 屋

我们这里说的"防灾房屋"可不是在电视中经常看到的简易房和帐篷。"防灾房屋"是用集装箱改建的,它的"壳"就是一个经加固和上色的集装箱,这样能确保它能在飓风中屹立不倒。房屋的外部还添加了防渗漏的材料以应付洪水。"防灾房屋"的标准单元约有185平方米,其中包括卧室、厨房和卫生间,每个房间都有高强度的窗户,以确保良好的通风和采光条件。房屋的能源供给管线都是可随时插拔的,这样的设计是为了在自然条件非常恶劣的情况下,房屋可像集装箱一样被运送到别的地方。你也许会问：是乘飞机还是火车、轮船？那当然要到时候再说了。

阅读点拨

当前房子的格局和用途是人们最关心的问题之一。文章向我们介绍了四种全新概念的"未来住宅"，真是让我们大开眼界。这么有新意的房屋，相信大家都想早日拥有！科学的发展需要大胆的想象，我们只有在科学的基础上发挥我们的聪明才智，社会才会不断地进步！

远古来的客人（节选）

肖 越

2006年8月26日真是一个特殊的日子。全世界的恐龙迷聚焦中国。因为在这一天，中国的考古学家分别在新疆的奇台县和宁夏的灵武两个地方，叩开封存了亿万年的地层，请出了地球中生代的主人——一具体长 35 米的马门溪龙和多具梁龙。

马门溪龙的个子堪称亚洲第一，现身灵武的梁龙化石属于亚洲首例。那么出土于新疆奇台和宁夏的恐龙化石带给我们什么惊喜和疑谜呢？

亚 洲 之 最

谁是亚洲恐龙之最？先让我们从以往的考古发现说起吧！亚洲出土的最大的恐龙化石是谁？告诉你，它叫"中加马门溪龙"。它的名字有点长，因为它是中国和加拿大的考古学家一起发现和发掘的。所以前面加了"中加"两个字。这具恐龙化石带着"亚洲之最"的桂冠正坐镇在北京自然博物馆里呢！

中加马门溪龙是在 1987 年出土的。它的"家乡"在新疆昌吉回族自治州奇台县将军戈壁——一条著名的"恐龙沟"里。经过测量，它的最大的一节颈椎有 1.6 米，颈肋长 4 米，估计它活着时体长可达 30 米，体重有 50 吨。

现在，这个"亚洲之最"的桂冠要卫冕恐怕已经不行。因为在同一地点的恐龙沟里出土的恐龙化石就要登上"之最"的宝座了。在恐龙发掘现场,科学家经过一番细心的测量,答案已经出来了。哇,这具恐龙的体长,有 35 米长呢! 最惊喜的是,发现这条恐龙的脖子特别长,长达 15 米。堪称目前世界上脖子最长的恐龙。再说它的体重,肯定会大大超过 50 吨!

头骨化石

能不能挖掘到头骨化石,这是人们心中的期待。新疆昌吉发掘地"1 号坑"发掘出的是一条长约 15 米的颈椎化石,属于大型食草龙的一种——蜥脚龙。由于恐龙的脖子非常长,头骨又轻又薄。它根本就经不起一亿多年岁月的磨难。所以恐龙头骨形成化石并且完好地保存下来,是非常不容易的。罕见的头骨化石能不能在新疆"恐龙沟"里找到呢? 恐龙迷在真心期待着。

据中科院古脊椎动物与古人类研究所专家介绍,目前世界上出土的蜥脚类恐龙头骨化石仅有一颗。这一次要是能发掘到头骨,那就是世界上第二颗了。不过,好消息已经从宁夏传来,这个第二颗的纪录已经被宁夏的梁龙打破!

恐龙沟的劫难

这是人们心中的悬疑。潜心在"恐龙沟"挖掘现场的专家告诉我们,在新疆"恐龙沟"附近,方圆几平方千米内的小山丘内都埋藏着许许多多恐龙化石。不仅数量大,而且保存得完整。

看上去,这里原来是一个恐龙的乐园,它们正在悠闲地生活着,灾难似乎突然降临,恐龙被迅速地原地埋藏起来。

是什么样的自然灾害让这片乐土上的恐龙遭遇灭顶之灾的呢?也许是可怕的火山爆发,也许是疾风暴雨加上凶猛的洪水……"恐龙沟"周围的山体里究竟还有多少恐龙化石?恐龙曾在这里集体遭遇了什么劫难?在发掘恐龙的现场,科学家经过细心的分析、合理的推测、科学的论证,就可能解开这个遥远时代的秘密。

考古学家初步分析,认为在挖掘"亚洲第一"马门溪龙的一号坑,在亿万年前应处于河谷冲积地带,恐龙死亡后,尸体被冲到这里,头向西,脊椎到尾巴可能已被冲散或风化了。相

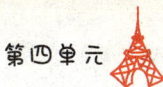

距一号坑500米的二号坑，当时应是洪水形成漩涡的地方，恐龙和其他生物的尸骨被聚拢过来，因此比较散乱，不完整。

穿着奇特的剑龙

在恐龙沟的二号坑里，考古学家先挖掘出一根蜥脚类恐龙腿骨化石，接着又挖掘出50多块恐龙化石，因为比较零散，看不清它们属于哪些恐龙留下的。但惊喜还在后头，一具长约7米、高3米的骨架出现了。它是谁？叫什么名字？哇，从它的打扮不难看出，它的名字叫"剑龙"。剑龙是侏罗纪末期出现在北美洲的恐龙。它的头颈细长，口部的前端像鸟嘴，后肢比前肢强壮，可以支撑前半身的重量。它的背上长着骨板。据说可以用来调节体温。尾巴上有4根长刺，可用来防御敌人。

如果我们能把它复原的话，它就像是恐龙中装备齐全的武士。

二号坑挖出了四枚恐龙牙齿化石，分属三种食肉类兽脚恐龙。专家推断此处可能有更多的恐龙化石呢！

（选自《少年科学》，2007年第7期，有删改）

阅读点拨

恐龙未解之谜有很多,这曾让恐龙迷们为此着迷。科学家们通过对恐龙化石的猜想与复原,为我们介绍了"亚洲之最"的"中加马门溪龙"、大型食草龙——蜥脚龙、穿着奇特的剑龙等。

文章通过对几种恐龙的灭绝的猜想,表达了作者强烈地呼吁人们保护动物、爱护自然的思想感情。我们在生活中要做一些力所能及的事情,来保护动物、爱护自然!

天外来信(节选)

〔美〕杰里·利嫩杰尔

14个月大的约翰可以算得上是当今世界上最最幸福、最最骄傲的孩子了,因为他有一个当宇航员的爸爸。美国宇航员杰里·利嫩杰尔曾在俄罗斯的"米尔"空间站上工作了4个月,在这期间,他每天工作以外的第一件事就是给 14 个月大的儿子写一封天外来信。

1 月 25 日

我仿佛回到了自己的童年时代。我不得不一切从头学起:如何洗脸,怎么刷牙,又怎样吃东西才不会搞得一团糟。对了,我还得学会如何上厕所哩。这么一说,我想我的宝宝不会笑话我吧。不过,我知道你也许还是会说:"爸爸,你怎么能跟我这个一岁大的孩子一样呢?"亲爱的孩子,你先别急,就让爸爸慢慢地把太空上的生活说给你听,好吗? 空间站里的一切都是飘浮在空中的。因为这里没有地球上的引力。要想刷牙的话其实也不难:只要你闭紧嘴就能很麻利地刷好牙的。当然了,只要你一张嘴,轻轻地一吹气,你就会见到无数的泡沫从你的嘴里出来。我在这里可以像鱼儿在水中觅食一样吃花生米;花生米就飘在空中,你只要一张嘴,一吸气,这些花生米就会自动"流"到你的嘴里了。要是你看到这一幕,你一定会说:"哇! 这种吃饭的感觉一定是好极了!"不过,爸爸在这里好像是给你做了一个"坏榜样"：怎么能吃饭的时候玩食物呢？哈，爸爸一定是跟你一样淘气喽。

对了，我差一点忘了告诉你我是怎样睡觉的了。我是用细绳子把自己绑在空间站的墙上睡的（因为我还是想象在地球上睡觉一样有个依靠才睡得踏实）。当然了，其他的叔叔阿姨们就让他们自己在空中睡觉，他们跟我一样地睡得舒服踏实。不过，你爸爸最喜欢的睡觉方式是：头顶地，脚朝天，地地道道拿大顶的把式。

2月2日

在这里，地球上的时钟和闹钟都失去了意义，太阳公公倒是在你的身体内安了一个神奇的生物钟。不过，这里的白天与黑夜的概念跟地球上完全是两样。我们每隔45分钟就经历一个白天与黑夜的轮回。我们这里所有的时钟是以莫斯科时间为标准时的，不过，每当我在莫斯科时间中午的时候向空间舱的舷窗外望去时，我看到的可能是满天星斗，也可能是明亮的阳光。这奇妙的一切全因为我们的空间站每45分钟就绕地球运动一周的缘故。

每天早上 8 点钟，我们这里的起床铃准会很及时地尖叫起来。我们这里和家里一样一日三餐，上午 9 点钟吃早点，下午 2 点钟是中饭，晚上 8 点钟当然有一顿丰盛的晚餐了，11 点钟的时候我们就得乖乖地上床睡觉。这时候，我们得把空间舱里的所有的灯都关上或者把自己的眼睛用黑布蒙上，只有这样做才能让自个儿身体内的生物钟"上当"——是到天黑睡觉的时候了。这种睡觉的方式跟海军潜艇上的叔叔睡觉的办法没什么两样。

（选自《美式教育之谜》，内蒙古人民出版社 2001 年 7 月版，有删改）

阅读点拨

本文是作为航天员的父亲给自己的儿子写的信，主要介绍了自己在太空中的生活情况：学洗脸、学刷牙、学吃东西、学会上厕所等一系列令平常人感到不可思议的事情，实际上向我们介绍了一个全新的世界，让我们对神奇的太空生活有了一定的了解。文章的语言灵动，激发了我们对宇宙的向往，对自然的热爱。希望你们学好科学知识，为将来探索宇宙做好准备。

我思我行

理解感悟

1. 阅读科普文章能够让我们认清自然之谜,使我们变得更聪明。通过阅读《令人惊叹的生命》,我感到了生命的＿＿＿＿＿＿＿＿＿＿＿＿＿＿＿＿＿＿＿＿;阅读了《沙漠里的"鬼哭"声》一文,知道了沙丘"唱歌"的原因是＿＿＿＿＿＿＿＿＿＿＿＿＿＿＿＿＿＿＿＿。

2. 科普文章为了将说明对象说得更加清楚,一般都运用了大量的说明方法。如《克隆地球》一文中运用了＿＿＿＿＿＿＿等说明方法;《我们未来住在哪儿?》一文运用了＿＿＿＿＿＿＿等说明方法。

实践拓展

1. 阅读本单元后,你对神秘的自然一定产生了浓厚的兴趣。请将你所发现的问题搜集一下,找老师或者上网查询等方式解决你的疑问。

2. 自然博物馆是进行科学教育的地方。请你参观当地的自然博物馆,听讲解员讲述自然演变的过程,回去后写一篇观后感。

阅读延伸

1. 《自然的魔法》（查德·道金斯著）

宇宙有多老？为什么大地像零碎的拼图？海啸是怎么来的？为什么有那么多动物和植物？……如果你想知道这些，请你去阅读理查德·道金斯的《自然的魔法》一书，它不仅从各门学科寻找线索，还让读者学会像科学家那样去思考。

2. 《故事中的科学》（郭晶主编）

科学并不高深莫测，科学早已渗入到我们的日常生活，并无时无刻不影响和改变着我们的生活。无论是仰望星空、俯视脚下的大地，还是近观我们周围的事物，可以发现处处有科学之原理蕴于其中。即使是一些司空见惯的现象，其中也往往蕴含深奥的科学知识。《故事中的科学》将带你发现你身边的科学奥秘。

第五单元

情系古诗词

    古诗词是中华文学宝库中的精粹，是汉语言的精华。诗人们用经典的语言、丰富的想象写下了无数优美的诗词。这些诗词经过时间的磨砺，已成为人类的文明，滋润着一代又一代人的心灵，给人们以思想上的熏陶和享受。

    本单元精选8首优美的古诗词，在阅读的基础上，我们要学会理解古诗词的意境和意义，进一步理解作者所表达的思想情感。

相　　送

[南朝梁] 何　逊①

客心已百念②，

孤游③重千里。

江暗④雨欲来，

浪白⑤风初起。

【注解】

① 选自《何逊集校注(修订本)》，中华书局 2010 年 1 月版。何逊
　（？—518），南朝梁诗人。东海郯(tán)(今山东兰陵)人。

② 百念：百感交集。

③ 孤游：独自远行。

④ 江暗：江上天昏地暗。

⑤ 浪白：白浪翻滚。

阅读点拨

　　这是一首送别诗，"孤游"既突出诗人征途中的孤独寂寞，又饱含对朋友的无限惜别之情。诗人看到乌云低垂、昏天暗地之景，恰与百感交集、愁肠满腹的情绪相吻合；狂风巨浪，暴雨将临，不仅是诗人心潮澎湃的感情流露，而且还预示旅途中等待他的将是江上狂风暴雨一般的艰难险阻和严峻考验。

山 中 问 答

[唐]李　白①

问余何意②栖③碧山，

笑而不答心自闲。

桃花流水窅(yǎo)然④去，

别有天地非人间。

【注解】

① 选自《中小学生古诗文阅读辞典》，上海辞书出版社 2011 年版。李白（701—762），字太白，号青莲居士，唐代浪漫主义诗人，有"诗仙"之美誉，与杜甫并称"李杜"。

② 何意：何事。

③ 栖：居住。

④ 窅然：指幽深遥远的样子。

阅读点拨

　　这首七言绝句以提问的形式开头，而诗人却"笑而不答"，引发读者的兴趣。诗人的感受是"非人间"，是仙境，表现了诗人对大自然的喜爱之情。自然是美丽的，是宇宙对人类的馈赠，我们应该好好爱护她、保护她。

绝　句

[唐] 杜　甫①

江边踏青罢，

回首见旌(jīng)旗②。

风起春城暮，

高楼鼓角悲。

【注解】

① 选自《杜甫绝句注释》，江西人民出版社 1982 年版。杜甫(712—770)，字子美，自称"少陵野老"。曾任检校工部员外郎，故世称"杜工部"，是唐代的现实主义诗人，被尊称为"诗圣"。

② 旌旗：军旗。

阅读点拨

　　游玩本是件开心的事，可是诗人到江边游玩，享受了美好的踏青，正要回去时，却遇上外敌入侵。成都的形势极其严峻，一时间军旗飘扬，战争一触即发。诗人在同一天经历了和平与战争，因此感情是复杂的，不免触景生情，用"见旌旗""春城暮""鼓角悲"来表达自己忧国忧民的感情。

衢州江上别李秀才

[唐]韦 庄①

千山红树万山云，

把酒②相看日又曛(xūn)③。

一曲离歌④两行泪，

更知何地再逢君。

【注解】

① 选自《全唐诗·韦庄诗卷》，中华书局 1960 年版。韦庄(约 836—910)，字端己，杜陵人，唐朝花间派词人，词风清丽，有《浣花词》流传。

② 把酒：端起酒杯。

③ 曛：日落时的余光。

④ 离歌：离别时唱的歌。

阅读点拨

　　这首诗描绘了一幅令人伤感的离别情景：千山万山望去，红叶一片，白云悠然，诗人与朋友持酒对饮，看着天已黄昏，唱着离别的歌，不禁泪流满面。此刻一别，不知何时何地才能与友人相见。情深的挚友，依依的离别之情，真是别时容易见时难。

相　　思

[宋]李　觏(gòu)①

人言落日是天涯，

望极②天涯不见家。

已恨碧③山相阻隔，

碧山还被暮云遮④。

【注解】

① 选自《人一生要读的古典诗词大全集》,中国华侨出版社 2010 年
　 版。李觏(1009—1059),字泰伯,号盱(xū)江先生,建昌军南城
　 人,北宋重要的哲学家、思想家、教育家、改革家。

② 极:到。

③ 碧:碧绿。

④ 遮:遮盖,笼罩。

阅读点拨

　　家是宁静的,家是温暖的,家是甜蜜的……家是令远方旅人日思夜想的地方。本来家被绿山阻隔已令人十分遗憾,可这碧绿的山偏偏又被傍晚的云气笼罩。这首诗表达了诗人思念家乡、十分沉重的心情。

秋　晚

〔宋〕邢居实①

目送闲云尽日愁,

寒来著(zhuó)②破旧貂裘(qiú)③。

凭④谁说与西风道，

留取黄花点缀秋。

【注解】
① 邢居实(1068—1087)，字惇(dūn)夫，郑州阳武人，北宋著名诗人。
② 著：穿。
③ 貂裘：毛皮的衣服。
④ 凭：让。

阅读点拨

　　诗人整天犯愁，因为眼看悠闲的云彩流走，寒秋来到。他希望有人能告诉西北风，留下一点黄花点缀秋天。这首诗表达了诗人对时间流逝的感慨，要珍惜时间的感情。

春　寒

[宋]陈与义①

二月巴陵日日风，

春寒未了怯②园公。

海棠不惜③胭脂色,

独立蒙蒙细雨中。

【注解】

① 选自《古诗今选》,凤凰出版社 2010 年版。陈与义(1090—1138),字去非,号简斋,北宋末南宋初杰出诗人,擅长填词,著有《简斋集》。

② 怯:害怕。

③ 惜:吝惜。

阅读点拨

这首绝句表面上是写春寒,实际是赞美海棠。诗人笔下的海棠高傲,它"独立"于风雨中,哪怕有损于自己美丽的"胭脂色",海棠的风骨和气节得到了充分的表现。诗人借海棠来表现自己不畏艰苦、风姿与众不同、品格孤傲的精神品质。

山中雪后

〔清〕郑　燮(xiè)①

晨起开门雪满山，

雪晴云淡日光寒。

檐流未滴梅花冻，

一种清孤②不等闲③。

【注解】

① 选自《郑板桥集》，山西古籍出版社 2010 年版。郑燮(1693—
1765)，字克柔，号板桥，清代书画家、诗人，与罗聘(pìn)、李方膺
(yīng)、李鳝、金农、黄慎(shèn)、高翔和汪士慎并称"扬州八
怪"。

② 清孤：凄清孤独。

③ 等闲：寻常，一般。

阅读点拨

　　冬日雪后的清晨多么清冷啊！外面天寒地冻，刚刚升起的太阳也显得没有活力。屋檐下长长的冰溜子没有融化的迹象，墙角的梅花也好像被冻住了，迟迟没有开放的意思，但梅花没有放弃，依然即将开放。诗人托物言志，借梅花含蓄地表现了自己清高坚韧的性格和洁身自好的品质。

我思我行

理解感悟

1. 诗歌是什么？诗歌是文字的宝石，是心灵的花朵，是从灵魂的泉眼中涌出的汩汩清泉……每一首诗歌都是诗人思想感情的流露。请写出下面两首诗歌所表达的思想感情。

（1）《秋晚》：＿＿＿＿＿＿＿＿＿＿＿＿＿＿＿

＿＿＿＿＿＿＿＿＿＿＿＿＿＿＿＿＿＿

（2）《山中雪后》：＿＿＿＿＿＿＿＿＿＿＿

＿＿＿＿＿＿＿＿＿＿＿＿＿＿＿＿＿＿

2. 押韵是诗歌的基本要素之一。中国的民歌、诗、词、曲无不押韵，所以诗歌又称韵文。押韵是把同韵母或韵母相近的字放在诗篇某些句子的末尾，使诗歌读起来顺口，听起来悦耳，容易记得住、传得开。

《春寒》中押韵的字是：＿＿＿＿＿＿＿＿＿

《衢州江上别李秀才》中押韵的字是：＿＿＿＿＿

实践拓展

1. 意境是诗的灵魂、诗的生命。意境的营造，是诗歌创作的基本要求，因此对意境的理解也就成了阅读、鉴赏诗歌的一个重要途径。只有注重对意境的理解，把握作者的情感,才能真正进入鉴赏境界。请选择本单元中的一首诗歌,根据诗意展开合理想象,然后把所想到的和同学们进行交流。

2. 学校为了对你们进行传统文化教育,决定开展一次古诗词朗诵活动。请你与同学展开竞赛,看谁背得又多又好。

阅读延伸　《一周一首古诗词》(尹建莉等编)

本书精选适合学生阅读的 300 首古诗词,上至《诗经》,下至清代诗词。内容按季节进行排序,不同季节感受不同的古诗词。

第六单元

感受古文之美

　　文言文是中国文化的根。身为中国人，不懂文言，很难真正了解自己祖国的历史文化，也很难做到"学为今用"。用文言写的经典之作像一条永不枯竭的河流，滋养了世世代代的中国人。这些经典作为文化基因融入炎黄子孙的血脉里，形成中华民族特有的文化。

　　同学们可以通过多读、多背诵、多理解的方法，去感受古文之美，去聆听、践行古人对我们的教诲。

乡人皆好（hào）之①

[春秋] 孔 子

　　子贡问曰（yuē）："乡人皆好之，何如②？"子曰："未可也③。""乡人皆恶（wù）之，何如？"子曰："未可也。不如乡人之善者④好之，其⑤不善者恶之。"

【注解】
① 选自《论语》，岳麓书社 2016 年版。孔子（前 551—前 479），名丘，字仲尼，鲁国陬邑人，中国著名的大思想家、大教育家、儒家学派创始人。
② 何如：怎么样，意思是"这个人怎么样"。
③ 未可也：那还不行。
④ 善者：好人。
⑤ 其：他们的，指代"乡人"。

阅读点拨

　　什么人才是最好的人？每个人可能都有自己的判断标准。其实，两千多年前的孔子就给我们提供了一个参考答案：最好的人是全乡的好人都喜欢他，全乡的坏人都厌恶他。这就告诉我们判断一个人的好坏不应以众人的好恶为依据，而应以善恶为标准，这对我们今天是不是仍有借鉴意义呢？

不贪为宝①

　　宋人或②得玉，献诸③子罕。子罕弗（fú）受。献玉者曰："以示玉人，玉人以为宝也，故敢献之。"子罕曰："我以不贪为宝，尔以玉为宝，若以与④我，皆丧宝也。不若⑤人有其宝。"

【注解】

① 选自《中华成语故事》，华文出版社 2010 年版。原文出自《左

传》,相传它是春秋末年鲁国的左丘明为《春秋》做注解的一部史书,是中国第一部叙事详细的编年体史书,共三十五卷。记述范围从公元前 722 年至公元前 468 年。

② 或:有人。

③ 诸:指玉。

④ 与:给。

⑤ 不若:不如。

阅读点拨

　　你认为什么是宝物呢?或许每个人的观点都不一样。子罕就认为"不贪的品格"就是他的宝物,这说明了子罕注重培养自己高尚的品德。这些品德将是帮助我们成长的重要"宝物"。

上 兵 伐 谋 ①

[春秋]孙 子

　　孙子曰:夫(fú)用兵之法,全国为上②,破国次之;全军为上,破军次之;全旅为上,破旅次之;全卒为上,破卒次之;全伍为上,破伍次之。是故③百战百胜,非善之善者也;不战而屈④人之兵,善之善者也。

【注解】

① 选自《上兵伐谋》,华中科技大学出版社 2014 年版。原文出自《孙子兵法·谋攻篇》,有删节。孙子(约前 545—约前 470),字长卿,春秋时期著名的军事家、政治家,尊称"兵圣",被誉为"百世兵家之师""东方兵学的鼻祖"。上兵:上等的用兵之道。

② 上:上策。

③ 是故:所以。

④ 屈:使……屈服。

阅读点拨

本文中孙子的观点是"上兵伐谋,其次伐交,其次伐兵,其下攻城"。他从战争的角度分析了各种形式战斗的利弊,得出"上兵伐谋"这一观点。因此,我们在生活中不要用武力去征服别人,而要靠自己的良好品质赢得他人对你的尊重。

师 旷 劝 学①

[西汉]刘 向

晋平公问于师旷曰:"吾年七十欲学,恐已暮②矣!"

师旷曰:"何不炳(bǐng)烛③乎?"

平公曰:"安有为人臣而戏其君乎?"

师旷曰:"盲臣安敢戏其君乎! 臣闻之:'少而好学,如日出之阳;壮而好学,如日中之光;老而好学,如炳烛之明。'炳烛之明,孰④(shú)与昧⑤(mèi)行乎?"

平公曰:"善哉!"

【注解】

① 选自《自学佳话》,白山出版社 2013 年版。原文出自《说苑》。刘向(约前 77—前 6),字子政,西汉经学家、目录学家、文学家,著有《谏营昌陵疏》和《战国策叙录》。

② 暮:晚。

③ 炳烛:点燃蜡烛照明。

④ 孰:哪一个。

⑤ 昧:黑暗。

阅读点拨

晋平公认为自己已经 70 岁，想学习已经晚了，而师旷认为年少时学习，就像刚刚初升的太阳；壮年时学习，就像中午的阳光；年老时学习，就像点燃蜡烛照明。点燃蜡烛照明，比摸黑走路要好。这说明知识是无比重要的。俗话说："活到老，学到老。"我们不论什么时候，都要抓紧时间，努力学习。

截 竿 入 城①

［魏］邯（hán）郸淳

鲁有执长竿入城门者②，初竖执之，不可入；横执之，亦不可入。计无所出。俄③有老父④（fǔ）至，曰："吾非圣人，但⑤见事多矣！何不以锯中截而入？"遂依而截之。

【注解】

① 选自《寓言故事》,天地出版社 2015 年版。原文出自《笑林》。邯郸淳(约 132—221),字子叔,颍(yǐng)川人。他博学多才,擅长书法,编写了《笑林》。

② 者:……的人。

③ 俄:一会儿,不久。

④ 老父:古时对年长的男人的尊称。

⑤ 但:只,仅。

阅读点拨

　　这是一则令人捧腹的笑话:一个人拿着一根长长的竿子,竖着不能进城门,横着也不能进城门。他听信了自认为"见事多"的"老父"的话,把竿子截断,然后拿进了城门。大笑之余,同学们一定会嘲笑他们的愚蠢,其实文章是要通过这个故事告诉人们:遇到事情不要盲目相信别人,要自己开动脑筋思考解决办法。

管宁割席①

[南朝宋]刘义庆

　　管宁、华歆共园中锄菜。见地有片金,管挥锄与瓦石不异,华捉而掷②(zhì)去之。

　　又尝③同席读书,有乘轩冕④(miǎn)过门者,宁读书如故,歆废书⑤出观。宁割席分坐,曰:"子非吾友也。"

【注解】

① 选自《世说新语》,中华书局 2011 年版。编者刘义庆(403—444),汉族,彭城人。字季伯,南北朝文学家。除《世说新语》外,还著有志怪小说《幽明录》。

② 掷:扔。

③ 尝:曾经。

④ 乘轩冕:指古代士大夫所乘的华贵车辆。

⑤ 废书:放下书。废:停止。

阅读点拨

　　志同道合的人才可能成为真正的朋友。从文章两个事例来看,华歆是一个喜欢财物、读书也不专心的人。管宁便与华歆断绝朋友关系。这就是所谓的"志不同不相为谋"。

画 龙 点 睛①

〔唐〕张彦远

武帝崇饰佛寺；多命僧繇(yáo)②画之……金陵安乐寺四白龙不点眼睛；每云："点睛即飞去。"人以为妄诞(dàn)③，固请点之。须臾(yú)④，雷电破壁，两龙乘云腾去上天，二龙未点睛者见⑤在。"

【注解】

① 选自《古代文史名著选译丛书：历代名画记图画见闻志选译》，凤凰出版社 2011 年版。张彦远(815—907)，唐代画家、绘画理论家，字爱宾，蒲州猗氏人。擅长书画，无作品传世。著《历代名画记》《法书要录》《彩笺诗集》等。

② 僧繇：古代著名画家张僧繇。

③ 妄诞：瞎说。

④ 须臾：瞬间，片刻。

⑤ 见：通"现"。

阅读点拨

　　我们或许都想成为"神笔"马良吧！文中的僧繇就是这样一位神奇的画家。他画的龙如果画了眼睛就能够腾云上天，没有"点睛"的就留在画壁上。由此可见，画家的功力全用在了龙的眼睛上，使龙能够活灵活现。我们在写文章或讲话时，在关键处用好一个字、一个词，便可起到"画龙点睛"的效果。

推　敲①

[唐]韦绚

　　岛初赴举②京师。一日于驴上得句云："鸟宿池边树，僧敲月下门。"始欲着"推"字，又欲作"敲"字，炼③之未定，遂于驴上吟哦，时时引手作推敲之势。

　　时韩愈吏部权京兆。岛不觉冲至第三节。左右拥至尹前。岛具对所得诗句云云。韩立马良久，谓岛曰："作敲字佳矣。"遂并辔④（pèi）而归。留连论诗，与为布衣⑤之交。

【注解】
① 选自《刘宾客嘉话录》，中华书局《文史》1965 年第 4 辑。
② 赴举：参加科举考试。
③ 炼：锤炼。
④ 并辔：并排骑着马和驴。
⑤ 布衣：平民，百姓。

阅读点拨

诗人贾岛为了诗作中的一个字是用"推"还是"敲"，竟然如此执着地思考，他的这种求学的精神值得我们学习。"推敲"的典故也因此流传下来，现用来比喻写作时逐字逐句思考的过程。

我思我行

理解感悟

1. 《截竿入城》一文告诉了我们一个什么道理?

2. 学习语文离不开写作,从《推敲》一文你获得了哪些写作方面的启示?

实践拓展

1. 阅读本单元的内容后,同学们开展"读书有感"的活动,请你积极参加,谈谈你读《师旷劝学》这篇文章的感受。

2. 在生活中不要用武力去征服别人,而要靠自己的良好品质赢得他人对你的尊重,这是《上兵伐谋》一文告诉我们的道理。请同学们想一想"如何培养自己的良好品质",然后把自己的想法说给同学们听一听。

阅读延伸

《论语》一书主要记录孔子及其弟子的言行,较为集中地反映了孔子的思想,是儒家学派的经典著作之一。以语录体为主,叙事体为辅,集中体现了孔子的政治主张、伦理思想、道德观念及教育原则等。请你读一读《论语》中的文章,体会其深刻的道理。

出版说明

　　"推动全民阅读，构建书香社会"已成为当前我国文化发展战略的重要组成部分，对建设社会主义文化强国，增强国家软实力和文化自信，实现中华民族伟大复兴的中国梦具有重要意义。为了落实中央的指示精神，助推全民阅读，满足广大中小学生的阅读需求，我们特组织编写了这套"全民阅读·阶梯文库"。

　　分级阅读是国际上比较流行的一种阅读理念，比如蓝思分级法、A~Z分级法等，我国古代也有"少不看《水浒》，老不看《三国》"之说。那么，怎样把合适的读物，在适当的时候，用适宜的方式推荐给适合的读者呢？这不仅需要社会责任感、理性公允心、文化担当与服务精神，也需要精准的辨识眼光与深厚的人文素养，因而也一直是我国教育出版界的"老大难"问题。这套"全民阅读·阶梯文库"就是我们对阶梯阅读所做的一个积极尝试。

　　本文库努力体现全民阅读理念，以培养现代公民综合素养为宗旨，为青少年打下"精神的底子"，系好人生的"第一粒纽扣"。文库按学前段、小学段、初中段和高中段进行编写，以各年龄段读者的心智特点与认知水平为划分依据，旨在体现阶梯阅读层级，激发阅读兴趣，养成阅读习惯，掌握阅读方法，丰富人文底蕴。 学前段突出亲子阅读与图画阅读，重在培养好奇心与亲切感；小学段体现以儿童文学为主的综合阅读，重在培养对汉语言文字的亲近感；初中段分传统文化、科普科幻和文学三个分卷，重在培养对传统文化和文学作品的理解欣赏能力，提升科学素养；高中段分传统文化与科普科幻两个分卷，重在培养理解分析能力以及质疑探究能力。

当前，中国特色社会主义已进入新时代。 作为教育出版工作者，我们无疑负有新时代文化传承与传播的神圣使命。 这套"全民阅读·阶梯文库"在内容选择、精准阐释与价值传播上都做了一些探索，希望通过阶梯阅读的形式，推动全民阅读，倡导经典阅读与有价值的阅读。

本套书选文的作者多数我们已取得联系，部分未能联系上的作者，我们已委托中国文字著作权协会代付稿酬，敬请这些作者通过以下联系方式领取稿酬：

联系电话：010‐65978905/06/16/17　转 836